칠월은 보리차가 잘 어울리는 달

칠월은 보리차가 잘 어울리는 달

박지일의 7월

ㄴㄴ〉〈ㄷㄴ

차례

작가의 말 나를 내가 반복하는 것   7

7월 1일   산문 **나는 계속 칠월을 산다**   11
7월 2일   산문 **오늘은 7월 2일 그리고 1월 2일이다**   15
7월 3일   산문 **너무 슬프지 않게**   27
7월 4일   시 **방이 분류하는 몇 종류의 나**   31
7월 5일   시 **용소 계곡**   35
7월 6일   산문 **골화骨化 앞에 흰 백白 자가 붙으면**   39
7월 7일   시 **배꼽으로 간다는 꾼**   45
7월 8일   짧은 이야기 **쉿**   51
7월 9일   일기 **그것을 쓰기**   55
7월 10일   산문 **끓으면서 버들은 버들을 시작한다**   61
7월 11일   시 **손쓸 수도 없이 오장에 쓰이는 기록**   67
7월 12일   짧은 이야기 **둘**   77
7월 13일   시 **느낌표에 빚을 진 10인용 관광버스**   81
7월 14일   산문 **보리와 차**   87
7월 15일   산문 **서울기**   91
7월 16일   단상 **여름 산책**   97

7월 17일 단상 면을 넘기는 목도 고되다는데 101

7월 18일 산문 나와 상관없는 빗소리가 나를 때린다 105

7월 19일 일기 안 함 못함 못함 그리고 안 함 111

7월 20일 시 거꾸로 선 매화나무 119

7월 21일 단상 한여름은 충치 같다고 123

7월 22일 산문 퇴근길에는 오르막을 오르며 생각한다 127

7월 23일 산문 칠월은 앉아 있기 좋은 달 133

7월 24일 시 떨보 K 141

7월 25일 산문 칠월은 태안을 가기 좋은 달 145

7월 26일 산문 히구라시 그러니까 저녁매미 151

7월 27일 시 꼬리연 161

7월 28일 단상 우산이 없어요 163

7월 29일 산문 조용만이 맴도는 169

7월 30일 일기 천안아산역 175

7월 31일 산문 뭐 했다고 벌써 팔월? 179

작가의 말

나를 내가 반복하는 것

 칠월을 쓰면서 칠월로부터 자꾸만 멀어져간다. 그건 실로 기쁜 일이라고 추측된다. 왜 기쁜 일일까. 칠월로부터 멀어져서? 글쎄. 그것보단 쓰면서 내가 멀어져간다고 하니까. 멀어져가는 내가 존재한다고 하니까. 내가 나를 조금이나마 실감할 수 있으니까. 칠월을 쓰면서 칠월과 자꾸만 가까워져도 실로 기쁜 일이라고 썼을 테니까. 내가 나를 마주하기 위해선 상상력이 필요하다.

 한동안 "진자가 나를 운동한다" "버들은 끊으면서 버들을 시작한다"고 되풀이하여 쓸 수밖에 없었다. 내가 나를 체감하기가 힘이 드니까. 내게 나는 주도권이 없는 것으로 추측되니까. 이러한 추측도 슬슬 지겨운데 달리 방도가 없다.

수록된 어느 글에 실린 "끝낼 수 없는 장난도 장난일까?"라는 물음이 떠오른다. 나는 나를 끝낼 수 없다. 쓰면 쓰일 것이 쓰이는 것이고, 쓰인 것이니까 쓰일 만한 것이었다고 생각하는 수밖에. 내가 나를 유지하는 방법은 쓰기뿐일까?

돌아보니 이번 글에서 반복되고 있는 것이 주제나 단어가 아닌 글 자체인 것이 좀 묘하게 느껴진다. 아마 나의 생활과 맞닿아 있기 때문으로 추측된다. 추측된다고 쓴 것을 보니 이 글 또한 추측으로 이루어져 있음을 알게 되는데 나는 이러한 피동의 입장에서 나를 실감할 수밖에 없다. 이것도 실로 기쁜 일인데. 내가 나를 실감할 수 있다고 하니까.

생활이든지 쓰기이든지 나는 내가 벗어날 수 없는 반복 속에 놓여 있다. 이것은 좋을 일도 나쁠 일도 아닌 단순한 사실 같다. 취미도 별다른 의욕도 없는 나를 내가 반복하는 것이 나의 쓰기인 것 같다. 쓰기는 나의 취미나 나의 의욕을 내게 알려준다: 그런 것은 네게 없다고.

글로 이어진 이들 모두가 행복하길 바란다. 불가능한 일이지만 불가능한 일이기에 어쩌면 글로는 가능할지도 모른다. 그렇게 믿는다. 그리고 나는 추측한다. 한 사람의 바람이 가진 힘은 때때로 위에 늘어놓은 모든 나를 초과할 만큼 강력하다고.

7월 1일

산
문

나는 계속 칠월을 산다

 7월이다. 오늘은 비는 소박하다. 창자가 축축하다. 나는 내가 있다는 것을 믿는다. 빗소리. 냉장고 모터 소리. 산새 짖는 소리. 빗소리. 여닫는 현관문 소리. 빗소리. 윗집 변기 물 내리는 소리. 내가 어디에서 살아졌지? 빗소리. 내가 어떻게 살아졌지? 지금 내가 덮고 있는 차렵이불. 나는 나를 살고 싶다. 지금 내가 중얼거리는 엄마의 핸드폰 번호. 지금 내가 살고 있는 서울시 서대문구 연희로. 토요일. 빗소리. 지금 7월의 빗소리. 시계는 8시 46분에서 7시 48분으로 바뀐다. 휴대전화 메모장을 열고 쓴다. 써야만 쓸 수 있다. 쓰지 않으면 쓸 수 없다. 당연한 것을 당연하지 않은 것처럼 중얼대는 까닭은 나만이 안다(하지만 나는 도무지 모르겠다고 한다). 나를 증거하기 위해서? 나는 여기 있다. 나는 저기도 있다. 그리고 나는 없다. 있던 나를 있던 나로 만들기 위해서는 있던 나를 써야 한다. 내가 썼다 하는 것을 읽고 그것을 받아들여야 한다. 그것 말고는 내가 나를 증명할 도리가 없다. 나를 완전히 잊어버리는 것도 방법이다. 7월. 동생은 물구나무로 나의 주위를 맴돈다. 엄마는 절뚝이면서 나와 동생을 걷는다. 나는 병자와 병자가 아닌 자를 구분 못 한다. 엄마는 병자도, 병자가 아닌 자도 아니다. 엄마는 이웃과 함께 천변을 산책한다. 나에게는 엄마만 보인다. 엄마와 이웃은 매일 초면이다. 나에게는 엄마만 보이지 않는다. 이웃은 엄마를 매일 모른다. 엄마가 내딛는 발에는 동생과 내가 뒤섞여 있다. 엄마는 바깥에서 엄마를 살지 못한다. 내게서 나만 발견하지 않고 동생에게서 동생만을 발견하지 못하는 까닭은 엄마만이 안다. 엄마를 증거하기 위해서? 엄마는 늘 웃는 사람인데 집에서는 운다. 엄마의 집은 나와 동생을 핑계로 매일 축축하다. 창자. 창원. 창원. 7월. 월마다 차에 엄마는 실려간다. 거기 엄마는 없다. 엄마는 엄마 안에서만 움직인다. 엄마는 엄마 안에서만 엄마를 산다. 동생은 동생을 살지 못한다. 나는 나를 살지 못한다. 엄마는 눈물이 맺히니까 흐느끼고 흐느꼈으니까 주저앉아

보고 주저앉은 김에 거기 무언가를 떠올리는 사람이다. 거기가 늘 내게로 온다. 엄마는 엄마에게 한 발짝 늦게 도착한다. 엄마가 아닌 엄마가 내 곁에서 잠을 잔다. 엄마가 아닌 엄마가 아침이면 차조기 잎을 찧는다. 엄마가 아닌 엄마가 나를 사랑한다고 말한다. 나는 내게 주도권이 없다. 나도 사랑한다고 나는 대답한다. 『물보라』를 쓰는 동안 엄마가 간다. 나는 계속 7월을 산다. 나는 살고 있는 것 같다 계속. 내게 동생은 없는 것이다. 나는 주위를 갖지 못한다. 나는 주위를 갖지 못한 나조차 가질 수 없다(그만 징징대고 싶다 제발). 엄마와 나는 횟집 문을 나란히 나선다. 떠난 엄마와 동생처럼, 쓰인 나는 순서를 갖지 못한다—먼저 간 건 동생이니까(내 기억이 옳다면). 엄마가 가고 동생이 간다. 7월. 엄마를 쓴다. 나는 7월. 할머니가 간다.

7월 2일

산문

오늘은 7월 2일 그리고 1월 2일이다

엄마가 간다.
호흡을 길게 가져가지 못하겠다.

너는 산다. 너는 영원히 2일을 살게 될 것이다. 2일은 네게 여름의 벚꽃이고 겨울의 붓꽃이고 가을의 산타클로스 봄의 페도라다.
너와 상관없는 것들이 너의 2일을 이루고 있다. 2일은 계속 오고 너는 2일을 벗어날 수 없다. 2일은 계속 가고 너를 가만두지 않는다. 그리고 2일은 너의 엄마다.
엄마.

10월 2일에도 1월 2일을 산다. 7월 2일에도 1월 2일 산다. 너는 1월 2일을 산다. 오늘은 7월 2일이니까.

   너는 기일을 기억한다. 1월 2일.

   네가 어떤 것을 떠올려도 아무것을 떠올리지 않아도 기일은 너를 끌고 2일로 가서 복판에 묶어둔다.

   네게는 기일이 둘.

   하나는 네가 기억할 수밖에 없는 엄마. 하나는 네가 기억할 리가 없는 동생. 오늘은 7월 2일 그리고 1월 2일이다.

   엄마가 간다. 호흡을 길게 가져가지 못하겠다. 너는 2일에 묶여 있고 싶지 않아한다. 이제 그만 풀어주오. 2일은 대답하지 않는다. 그만 풀어주오. 2일은 응답하지 않는다. 그만 풀어주오. 너는 2일을 벗어날 수 없도다.

   오늘은 7월 2일.

   2일로부터 네가 빠져나올 수 없다면 우선 너로부터 너는 빠져나올 필요가 있겠어. 너는 너로부터 달아날 필요가 있겠다고.

   너는 2일을 너무 오래 살아왔다고.

오늘은 7월 2일. 기억해. 오늘은 7월 2일이라고.

계곡에서 물놀이를 해도 좋을 것이야. 배영 같은 것. 팔다리는 쓰지 말고. 천천히. 떠오르는 대로. 흘러가는 대로.

네가 사는 2일로 가보자. 엄마는 갔으니까. 엄마는 갔다고.

호흡을 길게 가져가지 못하겠다.

호흡을 길게 가져가지 못하겠다고. 그리고 네가 사는 2일을 살아보자.

~~22시 48분~~ … 본가가 네게 전화를 건다 … 엄마가 숨을 쉬지 않는다고 … 22시 48분 … 너는 운다 … 실로 오랜만에 우는구나 … 글 바깥에서 … 너도 울 수 있는 인간이었구나 … (방금 너는 너를 인간이라고 확신했다) … 22시 48분 … 본가가 네게 말한다 … 아무튼 준비를 하고 있거라 … 아무튼 … 너는 아무튼이란 말을 곱씹는다 … 아무튼 … 아무튼 … 인간이란 신기하구나 … 뇌가 토막날수록 생각이라는 것은 길게만 늘어지는구나.

23시 13분 … 본가가 네게 두번째 전화를 건다 … 엄마가 갔다 … 엄마는 갔다 … 너는 계속 울 수 있구나 … 너는 지극히 평범한 인간이구나.

23시 59분 … 김해공항으로 가는 김포공항발 첫 비행기를 예약한다.

01시 12분 … 너는 네가 생각하는 시간에 맞춰 제대로 예약을 한 것인지 출발지와 도착지를 옳게 예약을 한 것인지 지금은 몇 시이고 몇 시에 집에서 나서면 되겠는지 택시를 탈 것인지 버스를 탈 것인지 어떻게 할 것인지 비행기 예약을 하기는 한 것인지 예약이라는 것이 대체 무엇이고 오늘은 며칠이며 깨어 있는 내가 진정으로 깨어 있는지 매분 확인한다 … 시간이 안 간다 … 새벽은 길다.

01시 13분 … 이제 1분이 흘렀다.

01시 14분 … 이제 1분이 흐른다.

01시 15분 … 이제 1분이 흐른다.

01시 38분 … 친구에게 전화를 건다 … 사랑하는 사람에게 전화를 건다 … 친구가 전화를 받는다.

01시 41분 … 나는 운다 … 나는 운다 … 나는 운다.
01시 43분 … 친구는 말이 없다 … 친구는 말이 없다 … 그리고 친구는 말이 없다 … 너는 많은 것을 듣는다.

01시 45분 … 친구가 차를 끌고 온다고 한다 … 함께 창원으로 내려가자고 말한다 … 지금 출발하면 02시 30분 안으로는 내 집까지 올 수 있다고 말한다 … 02시 30분에 출발하면 06시 30분 안으로는 창원에 도착할 수 있다고 말한다.

01시 49분 … 너는 괜찮다고 말한다 … 괜찮다고 … 괜찮다고 … 괜찮아.

02시 04분 … 이제 조금씩 괜찮아진다 … 이제 현실이 조금씩 느껴진다 … 진짜로 엄마가 간 것일까? … 꿈이어라 … 꿈이어라 … 당연하게도 꿈이 아니다.

02시 05분 … 살지를 못하겠다.

02시 11분 … 너는 고함을 지른다 … 악을 쓴다 … 베란다를 통해 잠깐 밝아졌다가 어두워지는 옆방이.

02시 31분 … 김포공항으로 향하기까지 약 네 시간 … 할 수 있는 게 없다 … 죽고 싶고 살기가 싫다 … 아무 생각이 떠오르지 않는다 … 시간은 멈춘다 … 시간이 멈춘다 … 그리고 나는 살 것이다.

02시 33분 … 시간이 안 간다고.

04시 01분 … 다시 악을 쓴다.

04시 20분 … 본가로부터 전화가 온다 … 식장을 빌렸다고 사진을 보내온다 … 창원파티마병원 VIP실 발인 ~~01월~~

~~06일 09시 00분~~ 상복 공원.

기억에 의존하지 말 것.
2일이 남긴 유산을 철저히 탐문할 것.
정확한 사실만을 기재할 것.

다시 04시 20분 … 본가로부터 전화가 온다 … 빈소를 빌렸다고 사진을 보내온다 … 창원파티마병원 VIP실 발인 01월 06일 08시 30분 상복공원 … 엄마는 간다.

05시 … 창원에 있던 엄마가 갔고 서울의 너는 아무것도 할 수 없는 시간 기차가 없고 버스가 없고 비행기가 없고 흐느끼거나 슬퍼하거나 악을 지르거나 떼를 부릴 수 있는 네가 이제 네게는 없다 모든 것을 못 믿겠다.

정확한 기록을 위해서 돌아가.
다시 그날로 돌아가.
핸드폰을 열고 그날의 기록을 하나하나 살펴.
직접 마주해. 도망치지 마.

본가가 네게 전화를 건 시각
        —22시 48분이 아닌 22시 37분.

 그날 이후로 네가 처음으로 마주하는 그날.
 휴대전화에 남아 있는 3분 27초간의 통화 녹음본.
 재생을 누른다. 재생을 멈춘다. 다시.
 재생을 누른다. 두 사람의 목소리가 들린다. 재생을 멈춘다. 다시.
 두 사람의 목소리가 들리고 한숨 소리가 들린다. 재생을 멈춘다. 다시.
 두 사람의 목소리가 들리고 한숨 소리가 들리고 흐느낌이 들리고 일정한 기계음이 들리고 선풍기 돌아가는 소리. 그리고 대화 내용이 들린다.

 들어보니 빠진 부분이 많다. 재생을 멈춘다. 나는 앞으로 돌아가서 몇 부분을 추가하여 기록한다. 다시.

 22시 37분: 본가가 네게 전화를 건다. (너는 네 핸드폰이

진동할 때부터 네 삶을 바꿔놓을 일이 벌어진 걸 느낀다.)
재생을 누른다. 너는 받아 적는다.

  너의 아빠: 뭐하냐.

  너: 그냥 있죠. 왜요?

  너의 아빠: 큰일이네.

  너: 네?

  너의 아빠: 엄마가 숨을 안 쉰다.

  너: 네?

  너의 아빠: 엄마가 숨을 안 쉰다고.

  너: ……

  너의 아빠: 일단 있어봐라 지금 구급차 안이다.

  너: 네?

  너의 아빠: 있어보라고.

  너: ……

  너: 이러면 안 되는 거잖아요.

  너의 아빠: 이따 전화하자 무튼 준비를 하고 있어라.

  너: 네.

엄마가 간다. 한 호흡에 쓰지 못하겠다. 너는 어느 동화에서 읽은 "나는 여름에도 겨울을 살아요"라는 글을 글로 받아들이지 못한다. 7월 2일에 1월 2일을 산다는 것. 단순한 사실이라고. 너는 이제 비유와 놀지 못한다. 너의 쓰기에는 비유가 없다고. 엄마가 갔으면 엄마가 갔다고 쓸 뿐.

7월 3일

산문

너무 슬프지 않게

 오늘은 7월 2일이자 7월 3일이야. 7월의 세번째 날이자 두번째 날이지. 화요일이고 수요일이라니까. 나는 연차를 쓸 거야. 일찍 일어나서 커피를 내릴 거야. 여섯시 삼십분쯤 일곱시도 나쁠 건 없지. 밀린 빨랫감을 돌려야지. 수건이면 좋겠다. 앉아 있다가. 창밖의 새소리를 듣다가. 한 장씩 탈탈 털어서 널어야지. 비가 안 왔으면 좋겠다. 햇살이 아주 쨍쨍했으면. 새가 아주 쨍쨍 울었으면. 안산 자락길을 따라 봉수대까지. 노래를 들으면서 걸어볼까. 시칠리아노를 들어야지. 너무 들뜨지 않게. 봉수대에서 북한산도 보고 인왕산도 보고 63빌딩도 봐야지. 집으로 돌아와서는 따뜻한 물로 씻어야지. 마지막에는 찬물로 헹궈야지. 그리고 앉아 있을 거야. 아무것도 안 하고. 선풍기 앞에 늘어져 있을 거야. 또 외출할 거야. 집 앞 이품에 들러서 삼선짬뽕을 먹은 다음 앤트러사이트에서 커피를 마실 거야. 아주 차가운 아이스 아메리카노를. 그리고 시집을 읽으면 좋겠다. 표지가 쨍하거나 어두운 시집을. 아니면 리스펙토르의 아무 책이나 가져가서 읽어도 좋겠다. 『세상의 발견』만 빼고. 그건 너무 무거우니까. 다섯시에는 버스를 타야지. 272번이나 601번이 좋겠지. 나는 601번을 제일 좋아해. 목적지와 종점이 같으니까. 혜화동에 내려서 친구를 만나야지. 어디로 갈까. 어디로 가지? 우리는 평소처럼 성북동으로 가겠지. 방목을 가지 않을까? 굽고 먹고 또 사는 얘기를 하다가 어느 때처럼 취하고 또 사는 것과는 관계없는 얘기들. 주절주절 취하면서 대화는 길을 잃고 기쁘면 욕도 좀 하고 웃다가 취한 채로 더 취하다가. 이차는 뭐 아무데나 가도 좋아. 먹고 얘기하고 마시고 또 취한 채로 빠이빠이 해야지. 택시를 타면 두시쯤 집 앞에 내릴 거야. 들어와서 씻을 수 있으면 좋겠고 뭐 못 씻으면 어때. 하지만 세수는 해야지. 양치는 해야지. 그리고 책상 앞에 앉아서 이 글을 소리 내 읽을 거야. 행사가 아니면 내가 쓴 시나 책을 읽지 않지만. 오늘 하루쯤이야 뭐. 또박또박. 천천히. 계곡에서 물놀이를 하듯이. 배영 같은 것. 팔다리는 쓰지 말고. 천천히. 떠오르는 대로. 흘러가는 대로. 천천히. 또박또박. 오늘은 7월 2일이자 7월 3일입니다. 오늘도 잘 살았다. 엄마와는 상관없는 날이니까. 오늘도 잘 보냈어. 그리고 7월 2일은 동생의 기일.

7월 4일

시

방이 분류하는 몇 종류의 나

끊으면서 버들은 버들을 시작한다. 아무리 끊어내도 버들은 시작을 모른다. 비가 창문을 때린다. 나는 내 방이 무덤이라고 말한다. 아무도 죽지 않는 무덤이라고. 아무도 죽지 않으니까 무덤은 아니라고 말한다. 나는 이따금 살아서 방을 돌아다닌다. 내 방은 무덤이 아니니까.

방은 버들을 기르고 버들은 들꽃을 기른다. 나는 양을 기른다—나의 의사와 상관없이. 부엌에서 발코니까지. 발코니에서 현관까지. 양은 삼각을 좋아한다. 털은 점점 뾰족해진다—점점 뾰족해질 수 있는 털만 양에게 있다면. 나는 늘 고되다. 내 신체를 내가 상상해야 하니까. 양은 버들을 뜯는다—양의 의사와 상관없이. 먹는 것은 놀이고 내 삶도 놀이인데. 물론 놀이할 수 있는 나만 내게 있다면.

 노을 속에서 광대는 춤춘다. 노을 밖에서도 광대는 춤춘다. 개암나무는 바람이 불 때마다 컹컹 광대를 짖는다. 광대는 열기구를 만들면서 열기구를 자기라고 착각한다. 나는 살아가는 나를 자주 끊어내거든. 오늘의 나는 처음 보는 노을이라고. 노을을 볼 수 있는 광대만 나에게 있다면. 광대는 자조한다; 늘 이런 식이라고.

 박달대게는 내 방의 손님이다. 주인은 없는 방이니 내 방의 주인은 박달대게일지도. 주인은 손님의 반대말이 아니라고. 그렇다면 손님의 반대말은? 부를 수 없는 것들? 떠올릴 수 없는 것들? 박달대게 왈 나는 손님도 주인도 뭣도 아니라고. 박달대게는 앞으로 걷는다. 게가 게걸음을 안 하시겠다라. 박달대게는 영영 걸어가버린다. 걸을 수 있는 박달대게만 그에게 있다면.

7월 5일

시

용소 계곡

 한 아이가 있다. 한 아이는 계곡에 있고 한 아이는 엄마가 있다. 한 아이에게는 한 아이의 엄마가 있다. 한 아이의 엄마는 시누가 있고 한 아이의 엄마와 한 아이 엄마의 시누는 각각 남편이 있다. 한 아이와 한 아이의 엄마와 한 아이의 고모가 계곡에 간다. 한 아이는 물놀이를 하고 한 아이는 즐겁고 경남 사천의 용소 계곡은 물놀이를 하기에 적당하다. 한 아이의 엄마와 한 아이의 고모는 물 밖에서 수박을 나눠 먹고 담소를 나눈다. 한 아이의 엄마와 한 아이의 고모는 즐겁고 한 남자가 있다. 한 아이는 반바지와 반팔 티셔츠를 입고 물놀이를 하고 한 남자는 트렁크 속옷만 입고 물놀이를 한다. 한 남자는 혼자고 한 아이와 멀지도 가깝지도 않은 거리에 있다. 한 남자는 물놀이를 즐긴다. 한 아이의 엄마와 한 아이의 고모는 한 남자에 대해 수군거린다. 한 남자는 듣지 못하고 한 아이의 엄마와 한 아이의 고모는 속옷 바람으로 물놀이를 하는 그 남자를 흉본다. 한 아이는 닿지 않는 발이 있고 발이 닿지 않는 한 아이는 허우적거린다. 한 아이는 죽음을 살고 있고 한 아이는 동생이 있었다. 한 아이의 동생은 엄마가 있었다. 한 아이의 동생의 엄마는 왼손바닥에 모은 수박씨를 가볍게 움켜쥔다. 한 아이는 죽음을 경험한 적이 있다. 한 아이는 훗날 책에서 읽게 될 글을 몸으로 미리 읽는다. "죽음은 무게를 가지지 않는다." 한 아이는 물속에서 살고 있고 한 아이는 물 바깥에서도 살고 있다. 한 아이의 동생은 무게를 잴 수 없고 한 아이는 죽음과 삶을 함께 살고 있다. 한 아이의 엄마는 비명을 지르고 한 아이의 엄마의 시누는 고함을 지르고 한 아이는 동생이 있었다. 한 아이는 동생이 있었고 한 남자는 한 아이를 가볍게 낚아채어 물 밖으로 끌고 가고 한 아이는 끌려간다. 아무런 무게도 없이.

7월 6일

산
문

골화骨化 앞에 흰 백白 자가 붙으면

　신촌 내과에 들렀다가 집으로 돌아오는 연희교차로 앞이었는데 검상돌기. 검상돌기. 단어가 문득 떠올랐다. 어쩌다가 검상돌기? 검상돌기. 검상돌기. 어쩌자고 검상돌기가? 입안에서 검상돌기를 굴리며 집으로 돌아왔고 검상돌기. 검상돌기. 여태 검상돌기를 반복하고 있다.

　사전을 찾아보니 칼 모양으로 생긴 까닭에 검상돌기는 칼 돌기로 불린다고. 복장뼈 아래쪽 끝부분에 위치한 연골이라 한다. 대개 중년 지나면서 뼈로 발달하는데 또 발달하지 않을 수도 있다고. 복장뼈라. 가슴 한복판에 세로로 길쭉하게 있는 납작한 뼈가 복장뼈. 그러니까 흉골이구나. 다시. 그러니까 검상돌기는 흉골 아래쪽 끝에 위치한 연골이고 나이가 들면서 골화骨化할 수도 있고 안 할 수도 있는 칼 모양의……

  검상돌기. 검상돌기. 책상 앞에 앉아 검상돌기를 반복하니 몸이 간질간질하다. 칼 모양의 도리깨를 쥔 장난감 병정 둘이 내 흉골에 자리를 잡고 매초 타작을 하는 것 같다. 와르르 단단한 콩이 오금으로 굴러가는 것 같다. 발끝부터 정수리까지 전신이 근질근질한데 근질근질한 그 어딘가에 검상돌기가 있다. 검상돌기. 검상돌기.

  검상돌기로 무언가를 써야 하겠지. 쓰지 않으면 계속 근질근질할 터이고 검상돌기. 검상돌기. 검상돌기를 쓰다보면 높은 확률로 무언가가 써지겠지. 그래서 나는 망설인다. 그간의 경험으로 보건대 일단 쓰면 검상돌기는 끝이니까. 검상돌기. 검상돌기. 그것을 쓰면 그것은 끝나버리니까. 내게 온 검상돌기를 미루고 미루면서 그래, 이젠 어쩔 수 없이 써야만 해. 중얼거려질 때 딱 한 번만 더 미뤄두고 싶다. 간질간질. 심장께에서 벌어진 타작이 멎질 않는다. 온몸이 근질거린다.

어떤 단어가 이렇게 나를 툭툭 건들면서 끊임없이 맴도는 경우는 대개 나와 연관이 있는 까닭인데 분명 내가 외면하고 있거나 이미 정신의 일부가 그 단어에 물들어버린 탓에 써야만 해, 하지만 쓸 수 없어, 꺼내야만 해, 하지만 꺼낼 수 없어, 오도 가도 못하고 자기를 부정중인 경우가 대부분이다. 그럴 때 전신은 가려움을 만든다. 다시 입속으로 굴려본다. 검상돌기. 검상돌기. 골화한다. 골화, 골화, 골화; 석회가 가라앉아서 뼈조직이 만들어지는 일＝뼈되기.

뼈되기라. 이번엔 뼈되기, 뼈되기, 뼈되기, 뼈되기······ 구상도九相圖를 다시 보게 된 것은 아무래도 검상돌기 때문이다. 검상돌기 때문이 아닐 수도 있지만. 그리고 나는 검상돌기 때문이라고 믿는다. 검상돌기. 검상돌기.

단린황후檀林皇后의 구상도를 본다. 타치바나노 카치코橘嘉智子가 죽음을 살고 있다. 구상도는 죽음의 단계를 아홉으로 구분한다. 그 단계를 열여덟, 삼백스물넷, 오천팔백서른둘······ 무한대로 늘린다 한들 어색할 것은 없지. 살아가기는 곧 죽어가기니까. 검상돌기. 검상돌기.

    각 그림마다 단계별로 차이는 있으나 단린황후 구상도의 아홉번째 단계는 백골상七白骨相. 살도 가죽도 사라지고 뼈만 남는 단계이다. 그리고 나는 뼈되기. 뼈되기. 뼈되기─ 골화骨化 앞에 흰 백白 자가 붙으면 의미가 또 달라진다. 살이 되고 뼈가 되다가…… 또 살도 뼈도 아니게 되는 나. 죽어가기는 곧 살아가기니까. 검상돌기. 검상돌기. 죽어가기. 죽어가기. 살아가기. 살아가기. 나는 미룰 수 있는 만큼 최대한으로 나를 미뤄본다.

7월 7일

시

배꼽으로 간다는 꾼

모진 핍박 속에서도

파리와 파리는 밤마다 깊고 깊게 사랑했답니다.

그의 배꼽에 굴을 파면서.

―이야기는 이렇게 끝난다.

~~수에즈 운하.~~

왜 갑자기 생각났지?

오침을 즐기는 그는 대부분 바로 누운 자세로 하루를 보낸다. (떠나거라, 떠나가라.)

그의 가슴께에 있는 검상돌기.

검상돌기로부터 배꼽까지는 완만한 내리막.

두어 시진이면 오갈 거리였는데.

배꼽의 저잣거리에는 검상돌기에 오르기만 하면 전망할 수 있다고 알려진 그의 얼굴 모양이 구술로 전해지며 오 일마다 들어서는 장날에는 구비에 기반하여 그려진 그의 초상화가 꾸준히 거래된다.

다 옛날 일이다.

그는 여전히 오침만 즐긴다. 오침을 즐기지 않을 때에도 그는 늘 드러누워 있는 까닭에 기력이 쇠하여 피골이 상접하니 높은 쪽에 위치한 검상돌기는 날이 갈수록 높아지고 낮은 쪽에 위치한 배꼽은 날이 갈수록 낮아진다. 흡사 절벽이 들어선 모양새다.

검상돌기에서 배꼽으로 가는 길은 굽이굽이 굽은 도로만 발달하여 돌아서 갈 수밖에는 없는 까닭으로 그 여정이 317cm에 달하고 배꼽에서 검상돌기로 가는 길은 흡사 절벽을 닮은 경사를 가로지르는 도로만 발달한 까닭에 28cm

에 불과하다.

  그리고 밤마다 깊고 깊게 사랑을 나눈
  파리와 파리가
  파리와 파리의 이야기를 잇는다.

배꼽에 자리잡은 박달나무 한 그루가 번창하니 파리도 따라서 번성하여 그 세를 불려나가고 날이 갈수록 파리의 형제자매들이 우글거려 박달나무는 잎을 다 떨구고 말았으니 파리떼가 기어코 득세하여 사방을 점거하고 파리 없는 데는 배꼽이 아니란 말까지 우스갯소리로 돌다. 박달나무는 심신이 위축되는 까닭으로 점점 두개골을 닮아가고 그 모양새가 오침을 즐기는 그의 두개골과 흡사하다는 소문이 돌 때쯤 마침내 파리가 집성촌을 이루어 사회 체계를 갖추더니 배꼽을 강제로 개봉하여 자유를 찾았다고 하더라.

  그리고 여기서 처음으로 내가 등장한다.
  밤마다 깊고 깊게 사랑을 나눈
  파리와 파리의 이야기를 전해 들으며 자라온 내가.

나는 집중으로 취재하여 이야기의 사실 검증을 해보고자 하는 까닭으로 기록용 붓을 챙겨 배꼽을 향해 첫 여정을 떠난다. 그래야 파리와 파리의 이야기를 끝맺을 수 있으니까.

한참 굽은 길을 따라 걷다가 나무를 한 짐 하여 배꼽으로 간다는 꾼을 만나 여보시오, 왜 가도 가도 목적하는 곳이 안 보이오. 이 길이 맞소? 물으니, 꾼이 답하길, 그렇소. 이 길이 맞소, 돌고 돌고 돌아서 갈 수밖에 없는 까닭으로 길이 끝날 듯 끝나지 않는 것이니 조금만 견디시오, 말하다가도, 그래도 돌아올 때는 급경사라 금방이오, 고되고 고되고 고되다가 자신도 모르게 금세 끝장나버리니 걱정 마시오, 하더라. 꾼의 말을 곰곰이 생각해보니 내가 들으면서 자라온 파리의 이야기에 대한 신뢰가 어느 정도 생기는바. 들뜨기도 하고 실망스럽기도 한 기분으로 아 그렇소, 과연 그런 것이오. 답하며 붓을 지팡이 삼아 따라 걷게 되었다. 꾼의 말처럼 길은 돌고 돌고 또 도는지라 한참을 따라가다보니 어느덧 하늘이 조그만 원으로 보이기 시작하고 사위가 캄캄해지더라. 밤이 온 것 같구먼, 나의 혼잣말에, 실로 살아 있는 밤이구먼. 꾼은 손을 휘휘 내저으며 혼잣말로 답하더니 이제 파리굴이 시작되니 경사가 급해지오, 조심하시오, 덧붙이지만 고된 나는 아무것도 듣지 못하는 상태더라. 창백한 두개골이라도 어디 숨겨놓은 것같이 빽빽하게 응집하는 밤. 밤낮 구분 없이 파리와 파리는 깊고 깊은 사랑을 나눈다고 하던데 사랑과는 상관없이 그는 오침을 즐기실 뿐이라 물 가득 채운 나무 양동이를 기울여 그의 검상돌기로 졸졸 흘려보내니 물이라는 것이 그의 배꼽까지 흘러들게 되고 배꼽을 타고 타고 흘러들다 오랜 세월 지나 고여 차오르는 것은 먹물과도 같은 시커먼 물인데 거기에 또 마을이 들어서고 주변으로 땅을 넓혀나가니 매일 밤이면 중들이 상류에서 걸어내려와 그 물에 사타구니를 씻고 낮이면 하류에서 아이들이 걸어올라와 멱을 감는다고 전해지나 어찌 씻은 이들 중 집으로 돌아가는 이는 단 하나도 없어 그 많던 이들이 어디로 간 것인지 다들 신묘해하더라. (나는 배꼽의 굴 어디 중간에서 그만 낙오하여 붓과 나를 모두 잃어버리고 말았다.)

7월 8일

짧
은

이
야
기

쉿

  그녀와 그는 목조 주택 203호에서 죽어가고 있었다. 1층의 사람도 2층의 사람도 3층의 사람도 그렇게 생각했다. 그녀와 그는 목조 주택 203호에서 살아가고 있었으니까. 사람이라면 그렇게 생각했다. 목조 주택에 거주하는 모두가 동의했으니까. 그녀와 그만 제외하고. 그녀와 그가 있는 203호. 낮고 높은 기침 소리가 번갈아 들려오는 203호. 쿨럭대는 203호. 한동안 소리가 멎으면 이웃들은 하던 일을 멈췄다. 벽과 천장 바닥에 귀를 갖다대고 신경을 기울였다. 쉿. 검지를 입술에 가져다대면서. 쉿. 그리하면 반려견과 반려묘와 반려 식물과 반려 벌레와 반려 곰팡도 쉿. 숨을 죽였다. 간지러운 기대가 푸르게 피어올랐다. 어스름한 걱정이 검붉게 피어올랐다. 쉿. 1층과 2층과 3층의 눈동자 위에서 기대와 걱정이 뒤섞였다. 붉고도 푸른색. 푸르고도 붉은색. 흔하게 마주할 수 있는 색이었다. 쓰레기봉투를 건물 밖에 내놓을 때. 마주앉아 말린 멸치의 내장을 긁어낼 때. 쉿. 누구나 그런 눈빛을 지니곤 하니까. 기침 소리가 잦아드는 시간은 점점 길어졌다. 쉿. 그에 맞춰 1층과 2층과 3층은 침묵의 시간을 점점 늘려나갔다. 쉿. 음력 처서 무렵 일몰이 평소보다 추잡스럽게 하늘을 물들인 날 203호 앞에 사람들이 모였다. 쉿. 검지를 입술에 가져다대면서. 1층의 사람은 1시간 37분째 기침 소리가 들려오지 않는다고 했다. 2층의 사람은 1시간 39분째라고 했다. 3층의 사람은 손목에 찬 시계를 들이밀며 1시간 28분 2초, 이제는 3초, 이제는 4초, 숫자를 세어나가며 중얼거렸다. 쉿. 203호의 문이 열렸다. 쉿. 열렸으니까 들어가야지. 방의 유일한 가구는 침묵하는 브라운관 티브이. 그리고 오래된 가구처럼 티브이 앞에 나란한 뒷모습으로 앉아 있는 그녀와 그. 쉿. 더이상 조용할 수 없을 만큼 조용한 203호. 그와 그녀의 203호. 외창 앞에서 지빠귀는 지저귀고 티브이는 쉿. 침묵으로 열창하는 심수봉. 그녀와 그는 나란히 앉아 약과를 뜯어 먹는다. 심수봉의 입 모양은 *왜 서로를 사랑하지 않나* or *왜 서*

로를 사랑하고 있나—둘 중 무엇이 맞는지 모르겠는데. 그리고 쉿. 모름과 상관없이 천천히 또 순식간에 닫히는 문. 203호.

7월 9일

일
기

그것을 쓰기

2022년 1월부터 '미래를 과거하기'라는 제목으로 일기를 썼다. 성실하게 쓴 것은 아니고. 잠깐, 다시. 정확하게 써야 할 것 같다. 이것은 일기가 아니니까. 내가 가진 '미래를 과거하기'란 파일은 두 갠데 하나는 2022년 1월 11일부터 2022년 7월 11일까지 쓴 것이고 하나는 2023년 1월 14일부터 2023년 2월 9일까지 쓴 것이다. 그뒤론 쓴 적이 없고 나는 두 파일을 깜빡 잊고 지냈다. 이번에 노트북을 바꾸면서 원고들을 정리할 수밖에 없었는데 노트북을 바꾸지 않았다면 글쎄. 다시 마주할 일이 없는 원고였을지도. 그러니 내가 썼으나 나는 기억하지 못하는 원고 뭉치가 어딘가에 여럿 있을지도 모르겠다.

2022년 1월부터 7월까지 쓴 일기는 살펴보니 원고지 200매 기준 2,011매 분량이다. 무엇을 그리 써놓았는지. 이리 많은 분량을 써놓고도 기억 못했다는 것이 의아한데. 글쎄. 그만큼 생활에 몰입한 까닭이었겠지.

이런 것을 왜 쓰고자 한 것인지 제목은 또 왜 '미래를 과거하기'라고 지어놓은 것인지 기억이 전연 없다. 내가 쓴 것은 맞겠지. 그날의 나에 대한 기록들이 적혀 있으니까. 일기 속에 등장하는 나는 내가 맞겠지. 확신할 수 있는 것은 없고 장담할 수 있는 것이 없다. 나는 내게 주도권이 없다. 정말이지 나는 내게 주도권이 없구나. 이렇게 중얼거리면 편해진다. 그리고 내가 할 수 있는 일을 해야지. 나는 내게 주도권이 없으니까 내가 할 수 있는 것을 한다.

2022년 1월로 돌아가본다. 내가 기억하지 못하는 쓰는 나. 내가 기억하지 못하는 쓰인 나. 대충 훑어보니 장현을 많이 들었던 것 같고 생활도 힘들었던 것 같고 에릭 사티와 〈찻잔〉 그리고 생활도 힘들었던 것 같고 명혜원. 양꼬치. 양꼬치를 많이 먹었나보다. 지금은 그렇게 즐겨 먹는 안주도 아닌데. 생활은 좀 힘들었던 것 같고. 왜 나는 늘 나를 추측할 수밖에 없는지. 그리고 추측하는 나와 상관없이 마그마의 노래들 특히 〈탈출〉을 많이 들은 것 같고. 생활. 생활. 거진 생활 얘기. 거진 문학 얘기. 아, 거진도 사투리구나. 거의 생활과 문학 얘기들……

파일을 열어보니 본격적인 일기를 쓰기 전에 써놓은 글들이 보인다. 이것을 부분 옮겨놓으면 어떨까 싶다.

이것은 미래를 과거하는 일기다. 보통의 일기와 다르지 않다. 그리고 보통 일기와 다를 수도 있다. 나는 사소한 일상을 기록하기 위해 이 작업을 시작했다. 이 작업은 언제나 나와 어긋나는 나를 인정하면서 그 어긋남 위에서 조그마한 발버둥질이라도 벌여보려는 시도이다…… 행한 것을 쓰고자 하는 것이 아니라 쓴 것을 행하기 위한 쓰기인 셈이고 나를 빌려와서 쓰는 글이 아니라 글을 빌려와서 잠시라도 나를 살아가게 만들기 위한 시도이다…… 오늘은 갔으면 좋겠고 내일은 왔으면 좋겠고 내일의 나는 내일에 있으면 좋겠다는 작은 바람. 그것을 쓰기.

날짜를 보니 굴을 파고 들어앉아 혼자 끙끙대던 시기 같은데. 그 언저리였던 것 같은데. 무엇이 그리 고됐는지 모르겠네. 드라마 속 인물들은 어쩜 그리도 선명하게 과거를 떠올릴 수 있는 걸까. 하루하루가 다르지 않았나보다. 하루하루를 나는 분간할 수 없었나보다. 글에 기대어 어떻게든 나를 움직여보고자 했나본데.

내게 쓰기란 그저 하루를 버티기 위한 작업이었나보다. 글을 쓰면 하루가 지나가고 글을 쓰면 또 하루가 지나가니까. 쓰지 않으면 하루가 지나가지 않았을까? 어쨌든 쓸 때는 살아 있다는 기분이 드니까. 이러한 일기를 다시 쓰게 될까. '미래를 과거하기'라. 글쎄. 부러 다시 굴을 파고 내려가 끙끙댈 필요가 있을까. 전혀 없지. 그리고 나는 내게 주도권이 없다. 안타깝게도 말이지.

7월 10일

산문

끊으면서 버들은 버들을 시작한다

오늘도 기운이 없다. 글 때문일까? 글쎄. 대통령 때문일까? 글 때문이라고 생각하니 기분이 괜찮아지는 것 같기도. 익숙한 일이니까. 두 가지 이상의 기분으로 사는 것. 그것이 이상한 일은 아니니까.

최근에는 똑같은 문장으로 시작하는 글들을 연습하고 있다. '끊으면서 버들은 버들을 시작한다'라고 연필로 적어놓은 포스트잇 때문에. 메모를 쓴 나는 내 기억 속에 없고 책상 위에는 메모가 있다. 내가 쓴 메모겠지만 내가 쓴 메모라고 하긴 힘들다. 그것이 이상한 일은 아니니까.

메모를 발견한 날로 돌아가본다. 어제는 없었으나 오늘

은 있는 메모를. 아마 동틀 무렵, 그러니까 잠들기 직전에 쓰였으리라 짐작되는. 내가 아닌 다른 이가 보면 별것도 아니라고 생각될 짧은 메모. 그리고 내가 보아도 별것 아니라고 생각되는 짧은 메모. 그뿐인 것. 하지만 쓰인 문장에 대한 호오를 떠나 나는 메모를 변호해야 한다. 메모를 변호할 사람은 나밖에 없고 또 그러고 싶으니까. 그러니까 '끊으면서 버들은 버들을 시작한다'는 내가 쓰지 않은 확실한 나의 메모이다.

메모를 쓰기 몇 분 전엔 시를 썼겠지. 시를 쓸 때 어쨌든 나는 나를 떠나 있으니까. 내가 나를 잊어버리니까. 아무리 생각해도 별 의미 없는 메모 같은데 그냥 구겨서 버리면 되지 않을까? 그것도 이상할 일은 아니지만…… 왜 그러고 싶지 않은 것일까. 의미가 없다고 버려야만 하는 것은 아니니까. '끊으면서 버들은 버들을 시작한다'라니. 무슨 횡소리일까.

버들의 냄새를 생각하며 쓴 걸까? 뚝뚝 버들을 끊어낼 때 풍기는 냄새를? 그렇담 왜 하필 냄새일까? 버들의 무수한 버들을 폐기하면서까지. 글쎄. 아무래도 냄새와 관련한 건 아닌 것 같은데. 버들, 버들, 버들, 버들, 중얼거리다보면 조그마한 못 앞에 꿇어앉은 어린 내가 보인다. 수양버들의 그림자 아래서 매질당하는 어린 내가. 매를 든 무표정은 내 할머니의 얼굴이고 일본에서 버드나무에 대한 인식은 주로 귀신과 연관되어 있다.

아마 '끓으면서 버들은 버들을 시작한다'는 내가 길어올리고 싶지 않던 나의 기억인 듯싶고 어릴 적 강제로 길어올려야만 했던 금붕어를 닮아 있는 것 같기도 하다. 메모를 썼다고 짐작되는 그 언저리 시간에 '끓으면서 기억은 기억을 시작한다'라고 시의 한 구절로도 썼던 것 같은데 파일을 열어보니 그런 문장은 없다.

'끓으면서 버들은 버들을 시작한다'는 시를 시작하기에 별로인 문장이다. 이런 문장으로 시를 열고 싶지 않다. 그래서 반복하여 저 문장으로 최근에 시를 벌이고 있는 것일지도 모른다.

오늘 쓴 글은 '끓으면서 버들은 버들을 시작한다. 아무리 끊어내도 버들은 시작을 모른다'로 이어진다. 하루에 한 편씩 짧은 글쓰기를 연습하는 것인데 왜 이런 글쓰기를 이어가는지 모르겠다. 그 까닭을 모르기 때문에 쓰는 것이라고 여기면서 여기까지 왔다. 그리고 이제 그것만으로 충분하지 않다고 생각한다. 나는 왜 쓰는 걸까?

여전히 잘 모르겠다. 오늘도 어쨌든 쓴다. 왜냐하면 써야 할 이유가 쓰면 생기니까. 그리고 오늘 쓴 글의 도입은 다음과 같음.

끊으면서 버들은 버들을 시작한다. 버들은 버들을 끊으면서 시작한다. 버들을 시작하는 버들을 살아본다. 죽(은/을) 할머니가 버들가지를 꺾어 나를 때린다.

그리고 내일 쓴 글의 도입은 다음과 같음.

끊으면서 버들은 버들을 시작하다. 버들이 창문을 닦고 버들이 창문을 쓸다. 버들이 창문을 가려워하다. 끊으면서 버들은 버들을 시작하다. 노래하는 K는 불안하다.

노래하지 않는 K도 불안하다. 노래하는 K는 떨림이 희롱 중인 K. 떨다 K.

7월 11일

시

손쓸 수도 없이 오장에 쓰이는 기록

방을 못 찾겠다. 호실이 보이지 않는다. 방이 방이기를 거부하는 까닭이다.

타협기
A―방 (칠인 체제)
B―나 (박지일?)

A: 원하는 것이 뭐요.
(뒤섞인 일곱의 음성이 칠 주야 내내 반복되다.)
고성이 오갔다고 한다.

일곱 날 후.

A: 원하는 것이 무엇이란 말인가.

B: 그건 제 질문이에요. 제가 원하는 건 제 방인데요. 그런데 제가 뭘 원하는지 모르게 되었어요. 당신 때문에요. 저는 제가 뭘 원하지 않는지도 모르게 되었고요. 당신 때문은 아니지만요. 창밖에는 비 오고요.

바람 불고요. 송창식을 즐겨 듣나요?

무엇을 원한 것 같은데. 원할 만한 무언가가 있었던 것 같은데. 내가 자꾸만 삼천포를 즐긴다.

그러니까 이걸 중재해줄 이가 필요한 것인데. 필요한 건 늘 없는지라.

그런데 삼천포라. 고성과 삼천포는 밀접하긴 한데.

중요한 건 그것이 아닌지라.

A: 그러니 우리가 일곱으로 구성된 것이잖나.

B: 증거가 있나요?

A: 위에 쓰여 있잖은가.

B: 알죠. 그렇게 쓰이게 된 증거를 묻고 싶어요.

B': 어차피 다 제 손이 결정하는 것인지라.

A: 자네가 자네라는 증거가 있는가?

B: 글쎄요. 보여드릴 순 없는 것인지라.

A: 원하는 것을 말해보게.

방과 함께 지친다. 방과 함께 잠든다. 그리고 방 때문에 도무지 잠에 들 수가 없다. 방이 방이기를 거부하는 까닭이다.

눕기만 하면 땅꾼이 나타나 나의 오장을 찔러댄다. 계속하여 방이 나를 아프게 군다.

아랫줄에 들어가야 할 한 줄이 떠오른다. 그리고 한 줄은 도무지 떠오르지 않는다.

―귓속의모시조개와관련한무엇이었는데기억이나지않는다.

한 줄을 떠올릴 수 없다. 가라앉는 것이 더 빠르다.

여기서 막히다니.

삼천포항이 침대 아래 들어선다.

~~(참고로 내 방에 침대는 없다.)~~ 침대가 출렁인다.

삼천포항의 방파제. 바다는 절망감을 막아낸다. ~~(바다에 절망감 같은 건 없어!)~~ 방파제 속에 거주하면 방파제를 모르게 된다고.

방파제인人은 곰방대로 하늘을 두드리며 말할 뿐. 오늘도 딱딱하군!

방을 못 찾겠다. 방을 떠올릴 수 없다.
방이 늘 나와 함께하는 까닭이다.

상경한 첫날 밤 구의공원에서의 노숙. 나는 그날 내 방의 생김새를 기록하여 박스에 가둬놓았다.
손쓸 수도 없이 오장에 쓰이는 기록만이 나의 역사라고 썼다가 지운다.

그리고 내 몸에 갇힌 말들은 나와 관련이 없다.
무엇을 취하고자 한 기록이 아닌지라.

> 벌은달아나고집만남아춥다나는외출한다
> 날개작아멀리나는갈수없고동지들만갔다
> 낙오하는무리벌써있다인솔자는어디갔어
> 앞도아닌곳이뒤도아닌곳이가장애달프다
> 애달프니앞이돌아오고뒤도달려온다좋다
> 좋아하니춥고나는머리몸통분리되어떤다
> 남은집은춥고달아나서우리도춥다그렇지
> 그러게왜사달을부러내어스스로고통받니
> 고통받는것이아니라고고통하는것이라고
> 달아나야하는벌이야달아나지않으면죽어
> 죽는다는말참함부로하네쉽게죽어지던가
> 달아나야하는벌이야마음은이미죽어없어
> 벌을이다지도사랑한그대가내내어여뻐서
> 육신은이미죽어없어마음만여즉살아있어
> 집만남아춥고길을잃은벌따라나는간다네
> 팔자로매듭한쇠사슬따라빙빙도는대벌레
> 벌레따라빙빙도는벌이있어멀리갈수없다

—그리고 일곱 날을 기다릴 것도 없이 내 방에는 비 오고요. 바람 불고요. 지붕이 뒤집히고 축대는 허물어져 말들은 흩어집니다.

말들은 벌을 잊은 벌처럼 산개합니다.

벌은 지금도 벌로부터 멀어지고 있답니다.

그리고 일곱 날 전.

이제 방이 내가 거부한 나를 맛볼 차례이다. 나에게도 땅꾼이 있다.

인수봉에서 만난 광인은 백운봉에 올라도 있고 만경봉에 올라도 있다. 늘 나보다 먼저 있다. 그는 말한다. 삼각산에 돈을 쥐여주고 정삼각산으로의 개명을 요구하겠다고. 그 아래 터를 닦고 살겠노라고.

닷새가 흐른다. (나는 대장이 과민하여 하릴없이 닷새를 소비해버렸다.)

삼각산 초입에 들른다.

그새 반듯하게 깎여 정삼각을 이루고 만 봉우리가 보이고 솥단지를 짊어진 꾼들이 가마를 뒤따르며 산을 오르내리는데 얼핏 봐도 한두 무리가 아니다.

초입에는 절이 들어서고 빌딩이 들어서고 교회가 들어서

고 좌판이 벌어져 사람들이 득시글댄다. 눈들이 돌아 있다. 이비인후과가 들어선다. 왁자지껄을 배경으로 마을 전체가 돌아 있다. 널린 조기의 눈도 돌아 있다.

늘 나보다 먼저 있던 광인은 보이지 않는다.
몇 날 며칠을 헤매도 종적이 묘연하다.

일곱 날 전이라면.
분명 방이 나를 맛볼 차례인데.
그랬을 터인데.

여전히 침대에서는 일곱이 서로 다투고 있다. ~~(참고로 내 방에는 침대가 없다.)~~
잘 들어보면. 크게 두 개의 파로 갈라져 다툼을 벌이는 듯싶은데.

하나는 사무라이는 몸은 함락되어도 정신은 함락되지 않는다고.
하나는 부분이라도 정신 함락이 우선되지 않은 이상 몸

을 스스로 함락시킬 수는 없는 것이라고.

그러니까 이걸 중재해줄 이가 필요하였던 것인데.

필요한 건 늘 없는지라.

7월 12일

짧
은

이
야
기

둘

　그녀와 그는 오두막에 산다. 과식하는 것도 아닌데 그녀와 그는 살이 계속 찌고 성량은 줄어든다. 그리고 각자의 몸 안에서는 둘 이상이 상시 싸움을 벌인다. 그녀와 그는 오두막에서 여럿을 산다. 당신이 안 들려 당신은 어때, 당신이 들리지 않아 당신은 어때, 서로를 이해하기 위해선 종일 붙어 있어야만 해. 나무판자의 삐걱거림 속에서 서로는 점점 우리가 되어간다. 우리에게 이웃은 없고 밤을 밝혀줄 전깃불도 없어. 우리에겐 우리뿐. 오두막은 다섯 평이 조금 안 되지만 둘에겐 충분한 크기다. 문을 열면 어느 날은 오대산 초입이고 어느 날은 두륜산 중턱인데. 그리고 그런 것은 중요하지 않다. 열 일이 없는 문이니까. 밤이 내려앉으면 둘은 중얼거린다. 아무래도 초가 필요해. 그렇지, 초가 필요하지. 아침이면 둘은 등을 맞대고 모로 눕는다. 아무래도 초는 무서워. 그렇지, 초는 무섭지. 둘은 눈을 마주치지 않는다. 우리는 계속하여 우리와 싸움중이니까. 우리와 우리가 합쳐지면 한쪽은 불타버릴 테니까. 어젯밤처럼.

7월 13일

시

느낌표에 빚을 진 10인용 관광버스

오랑우탄은 나를 흉내낸다. 매일 찾아와요.

오랑우탄(193번): 그래, 밤마다 바리깡으로 전신을 밀어내는 일은 적성에 맞느냐?

나: 그건 제 질문이었는데요……!

비둘기가 눈에 아교 바르는 시범을 보여주다.

급히 멈춘 1호선 급행이 그 모습을 구경하다.

인천 서울 이중시민자 추자 킴 창밖을 중얼거리다; 그래도 눈이 내리네!

피글렛은 눈밭을 뒹군다. 눈밭에서 피글렛은 아쉽다.

더할 나위 없이 좋았을 것을! 뒹굴 수 있는 피글렛만 나에게 있었다면. (피글렛의 이름은 또치다.)

끙끙 앓다 오체를 잃어버린 또치는 고이 잠들어버렸답니다. 똑똑. 깨어난 또치에게 들려오는 목소리.

가진 것이 아무것도 없다면 무엇을 제일 먼저 취하시겠어요?

피글렛: M! E!

마로니에공원 구석. 매일 새 버들가지를 꺾어 자신을 때리는 A군에 대한 B군의 인터뷰.

B: 때리기 위해 때리신다고요?

A: 저는 월간『산』을 즐겨 읽습니다!

마찬가지로 마로니에공원 구석. 매일 새 오공본드로 버들가지를 도로 붙이는 데 열심인 C군.

B: 붙이기 위해 붙이신다고요!

(11년째 실종 상태인 C.)

공원은 접읍시다. 돈이 안돼. 가로로 한번. 세로로 한번. (이 순서가 맞던가?) 어쨌든 다시 한번 가로로 오케이. 고이

접어 적삼 앞포켓에 수납. 몸속에 옥탑을 길러왔던 청설모가 뾰쪽 고개를 내미는 앞포켓.

 수납 완료. (나도 들어갈래!)

 집으로 돌아와 분장을 반쯤 지운 광대는 두루치기를 하염없이 볶으면서 생각합니다—고기를 볶던 나를 잃어버렸어! 이것도 서커스의 한 코너로 올릴 수 있을까?

 교각을 점프하여 교각에 착륙하는 물까치.
 교각 아래 끓는 팥물.
 『도락산버들가지도령의버들력사제십칠권』 중: 예부터 귀신을 퇴치하는 데 있어 버들가지는 그 효험을 입증한바 (……) 일격즉살의 자세로 온 힘을 버들가지에 (……) 만일 그때에는 버들가지 끝에 고구려의 기상을 몰아넣어 (……) 무찌르라!

 망중한忙中閑 : 바삐 죽어가는 와중에 이따금 사는 맛. 제일의 목표—민둥산 등반. 정선군에 있는 민둥산 말고요. 정상만 벌거숭이면 무엇 하나요? 머리만 벌거숭이면 무엇 하나요?

    슬프기만 하지. 아아 슬퍼라.

    (그리고 슬픔과 상관없이 꾸려지는 수색대.)

    사타구니 틈새에 도달하니, 여기다! 잔털을 비추는 후레쉬 불빛. 그러니 제일의 목표―민둥산 등반!

    장날. 프라이드도 좋고 닭튀김도 좋고 양념한 고기라도 나쁠 것 없다만 나는 포계炮鷄이올시다. 좋은 것이 나는 아니외다. 그른 것도 나는 아니외다. 포계일 나는 뿐이외다. 나는 나는 아니외다. 그러니 이름값으로는 제일이외다! (감사하외다 꾸벅.)

7월 14일

산
문

보리와 차

 칠월은 부산스러운 달. 살아 있는 달. 나는 대부분 앉아 있다. 칠월은 내가 있으면서 내가 없는 달. 강변의 날벌레 떼. 집안의 초파리와 모기들. 비. 빗방울. 빗소리. 나를 움직이게 만드는 칠월. 그것과 관계없이 그냥 앉아 있는 나. 이따금 나는 있어요 말하면서 살아 있기 좋은 달.

 보리차를 끓이기 시작한 지 꽤 됐다. 종일 마시는 것은 아니고 작업할 때만 마시는 보리차. 쓰고 보니 이질적이고 낯선 단어. 작업. 작업이라. 내가 하는 작업은 쓰기. 쓰는 것은 시. 시가 안 써질 땐 안 써지는 시에 대한 글을 쓴다. 안 써지는 시에 대한 글도 잘 안 써질 땐 일기를 쓴다. 일기도 안 써질 땐 어떡하나. 글쎄. 안 쓰면 되지. 쓰지 않다보면 쓸 것이 생긴다만. 그것도 힘들다면…… 관두면 어떨까. 관두면 다 끝날까?

 전혀. 무언가를 쓸 때 보리차를 마신다. 보리차를 마실 때 전화가 오면 나는 앉아 있다고 대답한다. 뭐 하니. 앉아 있어. 밖이니. 앉아 있어. 뭐 하냐. 그냥 앉아 있어요. 작업은 낯선 단어니까. 그냥 앉아 있다고. 1.5L씩 끓인다. 퇴근 후 초저녁에 한 번. 자정에 한 번. 그리고 보리차를 얼마나 마시든 쓰기는 되거나 안된다. 당연하지.

 칠월은 보리차가 잘 어울리는 달. 보리는 망원시장에서 산 것. 이게 체내의 열을 낮춰줘. 아 그런가요. 그럼 여름에 마시기 좋겠네요. 겨울에는 더 좋지. 아 그런가요. 만 원어치 사와서 끓여 마셔보니 좋은 것 같기도 하고 좋지 않은 것 같기도 한데. 그럴 리가. 대부분 좋았겠지. 내가 이따금만 내게 있었겠지.

7월 15일

산
문

서울기

 서울에 온 지 십 년째. 십 년은 긴 시간인 것 같고 돌이켜 보면 아무것도 아닌 시간. 칠월이었던 것 같고 유월이었던 것 같기도 한데. 글쎄. 나는 여행을 떠올리며 이 글을 열었다. 여행 기록을 남겨야겠다고. 한데 서울에 온 지 십 년째라니. 백팩 하나를 메고 강남고속버스터미널에 내린 여름 밤. 사람들이 많았고 식당마다 문전성시였는데. 나는 양 어깨끈을 쥐고 멍하니 통로 중앙에 서 있다. 화면으로 종종 보던 장면. 바삐 지나가는 사람들이 흐릿하게 처리되고 멈춰 선 나. 나는 무얼 하고 있지?

 첫번째로 들어간 대학은 진주에 있었고 전공은 사학. 별 다른 뜻 없이 그냥 갔지 싶은데. 가서 보니 사학과였고 적성에는 아주 안 맞았던 듯싶다. 한 학기도 제대로 채우지 못한 걸 보니. 습관과도 같은 싫증이 대학이라고 피해갈 리가. 나는 무얼 하고 있었지. 기억이 잘 안 나는데. 지나간 기억은 대체로 흐릿하고. 나는 무얼 하고 있지? 술. 술은 많이 마셨던 것 같고.

그러다 맡게 된 술집. 경상대학교 후문에 자리잡고 있었고 꽉꽉 채우면 팔십 명은 들어앉았던 술집. 백 스트리트. 친했던 동생은 홀. 나는? 나는 무얼 했지. 나는 오뎅탕. 나는 주꾸미볶음. 나는 제육볶음. 나는 짬뽕탕. 나는 치킨. 나는 홍합탕. 나는 야끼만두. 뭐 이런 것들을 계속 만들었는데. 볶고 끓이고 튀기고 만들고 끓이고 볶고 지지다가 단체 손님이 오면 오뎅탕에 간을 깜빡하기도 했는데. 사장님, 간이 안 되어 있어요. 나는 양념장이 든 종지를 테이블로 가져가서 오뎅탕에 끼얹어줬는데. 가스버너 위에서 팔팔 끓고 있는 오뎅탕에. 죄송해요. 대부분은 웃으면서 넘어갔고 대부분은 찝찝한 표정으로 넘어갔던 손님들. 죄송한 일이고 죄송해야 할 일인데. 진심으로 죄송하기도 한데. 나는 무얼 하고 있지? 기름을 갈면서 생각한다. 나는 무얼 하고 있지?

접시를 닦으면서 생각하고. 나는 무얼 하고 있느냐고. 볶고 튀기고 끓이고 닦는다. 그리고.

 점심때는 도서관에 갔다. 오후에는 재료 준비를 해야지. 수업을 듣고 나오는 동기들과 마주친다. 안녕. 잘가. 나는 학교에 다니지 않는 학생이니까. 도서관으로 간다. 한낮의 도서관. 나는 무얼 하고 있지? 책을 읽는다. 800번대 문학 서가를 서성인다. 처음으로 시집을 만난다. 처음 읽은 시집 『양파 공동체』. 다음은 『햇빛』. 여덟아홉 권쯤 읽었는데 기억은 흐릿하고. 술. 술을 많이 마셨지만 두 권의 시집은 너무나도 선명해. 허깨비처럼. 허깨비는 늘 선명하니까.

 그리고 나는. 나는 무얼 하고 있지. 다듬고 잘라내고 헹구고 있지. 그리고 진주에는 왜 시 모임 같은 것이 없지? 방을 정리하고 가게를 동생에게 넘기고 서울로 간다. 강남고속버스터미널에 내린 여름밤. 사람들이 많았고 식당마다 문전성시였는데. 구의역으로 간다. 구의동에는 친한 형이 있으니까. 목사가 되겠다고 먼저 올라가서 자리잡은 고시원이 있으니까. 나는 구의동에 왔다. 지하철을 타고. 한강을

건너고.

   그때부터 시만 생각했나. 학교에 새로 입학했다. 문예창작과가 있는 학교를. 스물일곱에도 갈 수 있는 학교를. 시를 쓰고 시를 읽고 시를 배우고 시를 생각하면서 나는 무얼 하고 있지? 그리고 나는 무엇이지? 같은 질문인데 방향이 달라졌네. 신기하다. 그리고 나는 기쁘다. 서울에 온 지 십 년째. 고시원에서 꽤 많은 병을 얻었고 이제 형은 목사이고 나는 시인인데. 무얼 하고 있지 나는? 무얼 하고 있어 나는? 근래 다시 중얼거리기 시작하는데. 같은 질문이 다시 내게 오는데. 무언가 또 좀 달라지려나? 잘 모르겠네.

7월 16일

단상

여름 산책

 너와 연남공원을 걷는다. 왼발을 내디딘다. 내디딜 수 있는 왼발만 내게 있다면. 너는 나를 돌아보지 않는다. 뭐해? 그리고 돌아와서 묻는다. 나는 말한다. 왼발이 아직 도착하지 않았어. 먼저 가. 먼저 가라고 어디든지.

 밤이 늦었어. 물비린내. 할머니가 버드나무 가지를 쥐고 나타난다. 내가 등진 현관을 통과하여 책상 앞 의자에 앉아 있는 내 뒤에 선다. 나는 모른다 나는 몰라야 한다. 내 얼굴 옆에 할머니의 얼굴이 있다. 계속하여 도덕경을 읽는다.

 물비린내. 할머니가 나를 서성인다. 할머니의 뺨이 나의 뺨에 닿는다. 나는 돌아보지 않는다. 보고 싶어서 돌아볼 수 없는 사람이니까. 물비린내. 먼저 가요, 어디든지 가시라고.

젊은 할머니가 나를 세워두고 담배를 태운다. 나를 때린다. 나를 다 때리고 나서 다시 때린다. 동생을 달래고자 때린다고 한다. 동생의 영이 함께라는 나를 때린다고 한다. 무슨 말인지 모르겠어요. 먼저 가, 가라고. 나는 내게 말한다.

나는 조금 어려져본다. 어려지기는 쉽고 어려져가는 나를 쓰기가 어렵다. 쓰는 것은 본다는 것이고 나는 보는 것에 재능이 없다. 그래서 나는 어려지고 있는 나를 살아본다. 비둘기호에 앉은 내가 읽고 있는 책의 머리글; *섬에는 폐병쟁이 다섯이 산다네.* 하나는 할머니 같고 하나는 동생 같고 하나는 엄마 같고 하나는 아빠 같고 하나는 모르겠다.

섬이 보이는 섬에 앉아 폐병쟁이들을 본다. 모든 섬은 섬을 곁에 두고 있으니까. 그리고 근처에 섬을 둔 섬은 가끔 자신을 육지라고 착각한다. 폐병쟁이들이 섬에서 걸어나온다. 먼저 가, 어디든 내가 갈 테니까. 내 쪽을 향해 중얼거리면서 깊어진다.

    너와 교토를 걷고 함안을 걷고 고성을 걷고 창원을 걷는다. 나는 버드나무 아래에서 마루로, 마루에서 방으로 옮겨진다. 옮겨질 수 있는 나만 내게 있다면. 아파트 복도를 질주하는 세발자전거. 나는 올라타본다. 멈춰 선 곳에 늘 엄마의 배꼽이 있다.

    파리가 날아다닌다. 심장 소리. 심장 소리. 심장 소리가 너무 크게 들려서 아무 말을 할 수도 들을 수도 없다. 조용해서 귀가 먹어버린 것만 같고 시끄러워서 귀가 먹어버린 것만 같다. 어디에든 있고 나는 아무데도 없다. 심장 소리. 심장 소리. 누군가 자꾸만 나를 살려고 든다.

7월 17일

단
상

면을 넘기는 목도 고되다는데

 끓으면서 버들은 버들을 시작한다. 버들은 버들을 끓으면서 시작한다. 버들을 시작하는 버들을 살아본다. 이렇게 시작하는 글을 쓰고 있었는데. 고되다고. 목련잎들.

 면을 넘기는 목도 고되다는데. 혼자 연희동 칼국숫집을 나서며 중얼거리다; 비가 내린다고. 이제 나는 어딜 가야 하지?

 비만 내린다고. 일정이 있었는데. 무엇을 하기로 했더라. 누굴 만나기로 한 것 같은데. 분명 약조를 하였는데. 무엇을 해야만 하는데. 비만 나린다고.

나리는 비는 확실한 것. 확실할 것. 확신한 것. 나는 또 기억을 끊어냈구나. 연희맛로 복판이구나. 이것 또한 확실한 것. 나는 또 나를 끊어냈구나. 우두커니 나는 연희교차로에 서 있을 뿐이구나―그리고 나는 내게 불확실한 것이로다.

고향나무를 쓰다듬고 있다고. 나는 접시에 김치를 옮겨 담을 수 있는 셀프바 앞이라고. 나는 고롱고롱 고양이 등을 쓰다듬고 있다고. 하늘은 회색이구나. 곧 비가 나리겠구나. 나는 연희동 생활협동조합 앞을 기웃대고 있는데. 나는 바르에 앉아 시드라를 들이켜고 있는데. 어디에도 없고 나는 어디에나 있다는데. 홀홀 나리는 비.

비나리. 부모가 세상을 떠나면 몽상살蒙喪煞이 든다고 하대. 몸부림하던 내가 기억을 끊어내면 기억이 끊어진 내가 된다 하대. 헛되다고. 나는 연습할 뿐이었는데―끊어지는 버들은 버들을 시작한다고. 버들은 어쩌자고 버들을 끊어버렸을꼬?

7월 18일

산
문

나와 상관없는 빗소리가 나를 때린다

　종일 비가 온다. 내 방은 통유리창이 한 면으로 나 있다. 비는 나와 상관없이 온다. 창밖은 나무들이 빽빽하다. 여름이면 잎사귀가 무성하여 초록이 틈을 잘 내보이지 않는다. 봄가을에는 가지들 사이로 조그마한 오솔길이 얼핏 모습을 드러내고 겨울에는 완전하게 노출된다. 연세대학교 뒤쪽으로 이어지는 길이다. 한 시간에 서너 명 정도 사람이 지나가고 두어 마리 정도 개가 지나간다. 여름에는 지나가는 것이 보이지도 들리지도 않는다. 여름의 비는 때때로 모든 소리를 잡아먹는다. 여름의 방에서 나는 혼자다. 그것이 좋다.

　종일 비가 온다. 올해는 불편함을 핑계 삼아 그간 도망하던 일들을 해보기로 한다. 첫번째는 낭독회나 행사. 두번째는 먼저 약속 제안하기. 세번째는 여름철의 외출. 네번째는 사람 눈 보고 대화하기. 요즘은 매일 걷는다. 출퇴근을 제외하면 어디 나다니는 것을 극도로 피해왔는데. 휴가철에는 휴가를 떠나는 것이 더 고역이어서 집에만 있었는데. 올해는 삿포로에 다녀왔다. 불꽃놀이를 볼 계획은 없었는데. 여름의 삿포로는 처음인데. 어떻게 가게 된 것인지 잘 모르겠고 나는 늘 이런 식인 것 같다. 그리고 어떻게든 되겠지. 늘 이런 식이었으니까. 나는 삿포로에 와 있다. 불꽃놀이를 보고 있고 정신을 차리니 유리창 너머로 비가 쏟아지는 연희동 방이다. 친구로부터 전화가 온다. 받지 않는다. 혼자가 아닐 때만 나는 혼자인 내가 좋다고 중얼거릴 수 있나보다.

  종일 비가 온다. 조용히 젖는다. 나무가 젖고 풀이 젖고 우산이 젖는다. 젖어가는 소리가 들려온다. 종일 비가 쏟아진다. 유리창과 에어컨 실외기를 때리는 빗소리가 나도 함께 때린다. 나와 상관없는 빗소리가 나를 때린다. 마음에도 나무가 있고 잎이 있고 창이 있나보다. 그리고 내게도 두드려 맞을 마음이라는 것이 있나보다. 마음에도 쏟아지는 비가 있고 마음에만 쏟아지는 비도 있나보다. 그리고 그런 건 없다고. 내가 상관하고 싶은 것과는 상관할 수 없다고. 나는 내게 주도권이 없구나. 중얼거리기도 지친다. 혼자인 내가 나는 좋을까?

 판단이 쉽지 않다. 종일 비가 온다. 망상해수욕장이 언제부터 머릿속에 자리잡은 것인지 모르겠다. 묵호항에서 해안을 따라 북쪽으로 서너 시간을 걷는다. 일정에 없던 일정이 생기는 것이 여행이고 나는 걸으면서 할 생각이 없었던 생각을 한다. 늘 그렇듯이. 여름에 모직 코트를 입을 수 있다면 좋을 텐데. 옥계까지 걷던 도중 망상해수욕장을 만난다. 그리고 지나간다. 그뿐인데.

 종일 비가 온다. 머릿속으로 망상해수욕장을 떠올리려 애쓴다. 애쓰는 걸 보니 그렇게 인상적인 해변은 아니었던 모양인데. 그러므로 망상해수욕장은 내게 특별하다. 파도의 소리라든지 물살의 모양이라든지 갈매기의 높이 같은 걸 만들어낼 수 있으니까. 두드리면 두드리는 대로 모양이 잡히고 기울이면 기울이는 대로 모양이 변한다. 그것이 내게 자리한 망상해수욕장이고 나와 상관없이 망상해수욕장은 동해시 망상동에 있다. 망상동과 상관없이 오늘 종일 비가 온다. 나는 비와 상관없이 나를 쓸 수 있을까. 혼자와 상관없이 중얼거릴 수 있을까? 혼자인 내가 좋다고.

7월 19일

일
기

안 함 못함 못함 그리고 안 함

2023년 약 한 달 동안 쓴 일기는 보기 싫다. 정신을 좀먹는 글이랄까. 거기 있어라. 그냥 거기 있어라. 2022년 1월부터 7월까지 쓴 일기를 살펴보자. 무엇을 그리 써놓았는지. 무엇을 그리 써야만 했는지. 읽다보면 내가 쓴 것이 있는 것 같고 내가 쓰지 않은 것이 있는 것도 같은데. 가끔은 나도 모르게 쓰인 것들이 노트북 깊숙한 곳에서 내게 발견되길 기다리고 있는 것은 아닐까. 나를 앞질러 쓰인 것은 아닐까 의문스러울 때가 있다.

1월 초부터 2월 중순까지는 하루에 있었던 일을 기록 형태로 심플하게 써놓았다. (기력이 없었나보다.) 일기장의 앞쪽인 1월 13일의 기록은 다음과 같이 짧다.

11시에 깸. 11시 반에 깸. 13시에 깸. 군화 버림. 오향 만두 포장. 분리수거. 17시에 깸. 19시에 깸. 3분 짜장. 재떨이 비움. 23시 취침.

1월이면 연희문학창작촌에 머무를 때. 생산적인 일은 안 하고 잠을 많이 잤고 하루를 자면서 보낸 듯싶다. 다른 날의 기록을 살펴본다. 여전히 잠만 잔 것 같고 생산적인 일은 없고 대부분 하루를 자면서 보냈군. 다른 날의 기록. 다른 날의 기록. 모두 마찬가지. 잤다는 이야기는 많이 등장하지 않고 깼다는 이야기는 많이 등장한다. 잠이라. 나는 나를 많이 힘들어했던 것 같다. 잠으로 계속 도망해야만 했던 것 같다.

'미래를 과거하기'에는 두 가지 규칙이 있었나보다. 하나는 내일 벌어질 일을 전날 미리 쓰기.

EX) 나는 내일 아침 7시가 조금 지나서 일어난다. 여름의 복판치고 날씨는 꽤 선선하고 기분은 좋다. 우선 커피

를 한잔 내리고 신중현과 엽전들의 〈선녀〉를 듣는다. 밤 사이 비가 왔나. 창밖으로 보이는 땅은 젖어 있다. 무지개 트리오의 〈잊으려 해도〉를 들어도 나쁘지 않겠다. 샤워를 하고 사러가 마트로 간다……

하나는 다음날 일반적인 일기를 써서 전날 써놓은 일기와 비교하기.

EX) 11시에 일어났다. 기분이 좋았다면 좋았을 것인데. 기분이 좋지 않아서 기분이 좋지 않았다…… 너무 더웠고 너무 더워서 아무것도 하지 못했다. 사러가 마트에 가서 장을 보려고 했는데 나갈 엄두가 나지 않는다 샤워만 겨우 했다……

이런 식으로 쓰다보면 하루마다 두 편의 일기가 남는다. 전날의 바람은 대부분 잘 이루어지지 않았고 계획은 그저 계획으로만 그친 것이 대부분이다. 하지만 쓰지 않으면 쓸 수가 없으니까.

3월부터는 글이 조금씩 길어진다. 5월을 지나면 종종 70~80매 분량을 넘긴다. 대부분 떠오르는 생각을 파편적으로 휘갈겨놓은 것이지만 일상에 대한 이야기도 적지 않다. 내일의 '나'가 겪을(겪고 싶을) 일들을 쓰다보면 지금의 '나'는 희미해진다. 그러다보면 내가 모르는 어떤 삶들이 겹겹이 쌓이고 나도 모르는 '나'의 하루가 발생한다. 나도 모르는 나의 하루를 발생시키기. 그것이 내게 많은 도움을 주었던 것 같은데. 덕분에 독서도 시쓰기도 생활도 다시 할 수 있었다. 그리고 생활을 되찾으면서 이러한 일기는 쓰지 않았나보다.

살펴보니 '미래를 과거하기'는 나를 표현하거나 하루의 기록을 위하여 쓴 글은 아니었고 글을 땔감 삼아서 어떻게든 나를, 내가 있는 나의 삶을 움직여보고자 쓴 글 같다. 그러니까…… 어쩌면 나는 고작 나를 움직이는 땔감으로 글과 쓰기를 사용하였고 도무지 면이 안 서지만 덕분에 나는 살아졌으니까. 나는 살아 있다.

지금에 와선 당시의 기억이 희미하기에 일기를 쓰고 있

는 나의 모습을 상상해야만 한다. 일기는 오늘이 아닌 내일을 향한 쓰기이다. 일기는 내일을 살게 만든다. 계속해서 가라앉으려 드는 내일을 길어올리고 거기 나를 슬쩍 집어넣어 내가 나를 살 수 있게 만든다. 가끔 컨디션이 좋은 날엔 글 끄트머리에 내일 할일을 짧게 목록으로 써두곤 했다.

1월 19일 할일 (1월 18일 작성)

- 샤워

- 오향만두 포장(아점)

-『오렌지주를 증류하는 사람들』읽기

- 다이소 방문 (손톱깎이, 휴대용 후레쉬)

- 시쓰기

- 에브리띵 베이글 포장(저녁)

-『일본현대시선』읽기

- 산책(궁동근린공원 방향)

1월 19일 한 일 (1월 19일 작성)

- 샤워 → ✕

- 오향만두 포장(아점) → 하지 않음

-『오렌지주를 증류하는 사람들』읽기 → 못함

- 다이소 방문 (손톱깎이, 휴대용 후레쉬) → ✕

- 시쓰기 → 못함

- 에브리띵 베이글 포장(저녁) → 하지 않음

-『일본현대시선』읽기 → 못함

- 산책(궁동근린공원 방향) → 못함

*안 함 못함 못함 그리고 안 함…… 숙취로 오전 내내 드러누워 있었음. 눈 많이 내림. 저녁에야 일어남. 남은 샌드위치 먹음. 종일 드러누워 있음. 눈 계속 내림. 드러누워 있음. 그리고 종일 드러누워 있었음……

내일 할일을 목록화한다는 것과 그것이 내일 실제로 벌어진다는 것은 물론 전혀 다른 문제니까…… 좋은 컨디션은 좋은 컨디션이었을 뿐.

7월 20일

시

거꾸로 선 매화나무

목젖 연구관은 K를 희망한다. K가 늘 떨고 있는 까닭이다. K는 K를 노래하며 사발란 고원을 돌아다닌다. 노래하는 K는 불안하다. 노래하지 않는 K도 불안하다. K는 늘 떤다. 매화가 떨린다. 쑥꽃이 떨린다. 장미가 떨린다. 버들도령은 떨고 있다. 매화가 K를 선택한다. 매화는 흩어질 듯 흩어지지 않는다. 매화는 터질 듯 터지지 않으려 든다. K는 떨림과 상관없이 늘 떤다. 매화나무의 명치에서 매화는 반복된다. 매화는 매화나무의 명치를 희망한다. 매화나무는 거꾸로 서길 즐긴다. 매화나무는 터지지 않을 듯 터지려 든다. K는 거꾸로 선 매화나무의 연구관을 희망한다. 매화나무는 매화의 장난이다. 매화나무는 매화가 불안하다. K가 부르는 노래는 불안하다. 노래하는 K는 떨림이 희롱중인 K다.

매화나무는 사지가 불안하다. 매화도 사지가 불안하다. 매화나무는 사타구니 안쪽을 늘 가려워한다. 뫼 아랫마을에서 K는 질병 보유자로 판정받는다. 뫼 위의 마을에서 K는 떨림을 노래하는 가수. 그냥 그것뿐. 끝.

7월 21일

단상

한여름은 충치 같다고

당신을 쓰면 이가 시려. 당신은 당신이라는 옷을 훌훌 입는 마마라고. 한여름은 충치 같다고. 나는 한여름을 향해 달려드는 세균이라고. 충치. 충치라. 비는 나리고 끊어도 버들은 끊어도 자라는데 목련은 다 져버렸다고.

한편에는 무표정한 마음으로 쓰는 내가 있소.
한편에는 스물네 시간 옆구리에 당신을 끼고 사는 내가 있소.
아랫동네와 윗동네의 싸움은 흔한 것이오.
나의 어금니와 어금니는 오늘도 싸움을 개시하오.
이를 이빨로 고쳐 쓰는 손도 싸움을 안다오.
나의 이빨과 나의 이빨은 서로를 모르는 듯이 매일 충衝

한다. 왜? 이빨과 이빨은 서로를 모르니까.

  (당신 때문은 아니고.)

  이것은 확실한 것―확실함을 증좌하기 위한 것.

  충치蟲齒: 세균 따위의 영향으로 벌레가 파먹은 것처럼 이가 침식되는 질환. 또는 그 이. 흔히 염증이 생기고 통증을 일으킨다. ≒삭은니, 우치.

  나의 충치는 이러하다고. 불확실함 속에서.

  충치衝齒:

  1. 몽상살 따위의 영향으로 위 어금니와 아래 어금니에 각각 오한을 연습하는 영이 깃드는 현상.

  2. 서로 붙어 체온을 나누고자 하나 붙는 순간 떨어질 수밖에 없는 사이. 닿음과 떨어짐 또는 만남과 헤어짐의 영원 반복.

  누굴 만나기로 분명 약조하였는데. 버들은 버들을 끊으면서 시작한다고. 문장을 연습할 뿐이라고 하였는데.

나는 어딜 가야 하지?

이제 나는 어디로 가야 돼요?

한여름을 벌벌 떨면서 말해. 뜨거운 칼국수를 앞에 두고 말해. 이제 그만 가시라. 버둥대는 내가 안 보이시냐고. 그러니 영영 가지 마시라고.

7월 22일

산
문

퇴근길에는 오르막을 오르며 생각한다

　더워. 더위를 피하기 위해 가로수를 찾아보자. 그늘을 걸어야겠어. 그리고 나의 골목에는 가로수가 없지. 가로수를 찾아 언덕을 내려가는 동안 옷은 다 젖고 말지. 달리는 차와 오토바이, 걷는 사람들이 보인다. 나도 걸어본다. 뒤섞여 걸으면 뒤섞여 걷는 사람 중 하나가 된다.

　하루는 별일 없고 하루가 별일 없다. 흘러가고 흘러간다. 나의 생활에 나는 주도권이 없다. 진자가 나를 운동중인 것 같다. 집으로 돌아와서 쓴다. 쓰면서 하루를 반복하고 하루를 반복하면서 쓴다. 쓰고 있으니까 오늘을 살고 있다고 말해도 괜찮을까? 반복은 즐거운 것. 나는 사는 것. 별일 없는 하루는 별일 없는 하루로 남겨둘 것. 다만 쓸 것.

밤마다 언더우드 기념관을 산책하며 생각한다.

바람은 나를 너무 쉽게 통과한다고.

  오늘은 글은 안 썼어. 오랜만에 합정에서 친구를 만났다. 두부김치를 안주로 술을 꽤 많이 마셨다. 막차 시간을 넘겨 헤어졌고 편의점에서 와인을 두 병 사서 방으로 돌아왔다. 글은 안 썼다. 〈아사코〉를 한 시간쯤 보다가 〈소나티네〉를 한 시간쯤 봤다. 많이 취했고 많이 잤다. 편하다. 글은 안 썼으니까.

  리디아 데이비스의 소설 제목을 왜 '사랑의 변이'로 생각하고 있었을까? 변이하는 사랑과 변이하는 불안을 잘 구분할 수 없는데. 무엇이 다르다고 생각해야만 할까?

  오늘은 글을 쓰려 든다. 어제의 선풍기 날개는 깨끗하고 오늘은 더럽다. 어제의 책상은 깨끗하고 오늘은 더럽다. 어제의 창틀은 깨끗하고 오늘은 더럽다. 어제의 책장은 가지런하고 오늘은 어지럽다. 청소를 한다. 청소도 쓰기의 일부니까.

'진자는 나를 운동한다'고 써놓고 며칠째 아무것도 못 쓰고 있다. 출근길. 601번 버스를 기다리다가 갑작스레 떠오른 문장. '진자는 우리를 운동한다.' 퇴근길에는 오르막을 오르며 생각한다. 진자가 나를 운동하는 것이 틀림없다고. 직장에서의 대화가 생각나지 않고 식사가 기억나지 않는다. 생활하는 내가 떠오르지 않는다. 오늘은 무얼 했더라. 부엌에 서서 양배추를 볶으면서 중얼거린다. 생활하는 나에게 나는 주도권이 없다고.

다다미에 앉은 할머니가 정원을 보며 낮고 느린 목소리로 중얼거린다. 히구라시. 히구라시. 할머니는 새벽이면 삼층 내 방 유리창을 통과하여 내 곁에 선다. 내가 쓰고 있는 것을 말없이 들여다본다. '끊으면서 버들은 버들을 시작한다'라고 쓰인 포스트잇을 며칠째 들여다본다. 할머니. 아무리 떠나보내도 떠나보낼 수 없어. 아무래도 자신을 끊고 자신을 잇고 자신을 끊고 자신을 잇길 반복하는 버들이 나를 장난중인가보다. 뿌리째 뽑지 않을 수 없으나 뽑으면 나는 없어. 살지를 못할 것이다.

 짬을 내어 화장실 거울을 방수포로 덮어야겠다. 거울은 자꾸만 자기를 포기하게 만든다.

 후루이 요시키치를 조금 읽다가 덮는다. 쓴다. 아무것도 써지지 않는다. 전공투全共鬪 관련한 영상을 조금 보다가 끈다. 쓴다. 아무것도 써지지 않는다. 〈바르샤바 노동가〉를 듣는다. 쓴다. 카우리스마키. 쓴다. 아무것도 써지지 않고 나는 아무것도 써지지 않아도 상관없다는 생각을 한다. 침대에 누우니 심장 소리가 들려온다. 크지도 작지도 않은데. 심장 소리. 심장 소리만 들려와서 잠을 잘 수가 없다. 다시 앉아서 쓴다. 진자가 나를 희롱하고 있다고.

7월 23일

산문

칠월은 앉아 있기 좋은 달

내가 생각한 이 글의 제목은 '작업기'. 이 글을 쓰는 나를 써볼까 싶다. 쓰는 나는 그간 쓰인 내게 빚을 꽤 져왔으니까. 이번에는 쓰는 나의 힘을 좀 빌려 쓰인 나를 좀 편하게 두면 어떨까. 쓰는 나는 종이의 오른편이 편하다고 한다. (그런데 쓰인 내가 가만히 있을까?)

지금은 일요일. 자정을 조금 넘겼고
나는 이 글을 쓰기 위해 토요일
저녁 여덟시 무렵부터 책상 앞에 앉아 있다.
보리차 2L를 마셨고 원고지
34매 분량의 글을 썼다.
34매 분량의 글은 이 글에 등장하지 않는다.

왜냐하면 등장하지 않기 때문에.

현재의 시간을 쓴다. 지금은 01시 17분.
시간은 필요한 것 같기도 하고
필요하지 않은 것 같기도 하다.
나는 거짓말에 능숙하니까. 지금은 03시 28분.
나는 내가 거짓말 같다고 여기니까.

유리병은 아직 뜨겁다.
새로 끓인 보리차에 각얼음 열한 개를 넣어 식힌다.
얼음 세 개는 싱크대에 빠졌다.

그렇다면 왼편엔 무엇을 쓸까. 내가 좋아하는 작가들의 글을 인용할까. 내가 좋아하는 노래의 가사를 옮겨볼까. 관두자. 써지면 써지는 대로 두자. 써지지 않으면 써지지 않는 대로 두자. 그건 칠월과 어울리니까. 칠월의 나는 대개 그냥 앉아 있으니까.

(그리고 역시나 쓰인 내가 가만있지 않는다.)

일요일이라. 나는 칠월을 미리 살아보고자 한다.

창밖에 핀 매화는 잠깐 잊어야겠다. 자리에서 일어서서 매화를 보고 온다. 잊는 것은 봐야지만 가능하니까.

나는 대부분 그렇게 글을 썼고 그렇게 내가 쓴 글을 잊어왔다. 보면서 나는 나를 잊어가니까. 보고 있으면 잊힌다.

모니터 아래에는
얼마 전 남도 여행에서
선생님께 선물받은
조그마한 인두형 토기가 있다.
그 옆에는 엄마 사진이 있다.
나는 엄마만 본다. 엄마를 잊기 위해서.

일터가 도서관인 까닭에 나는 주말 하루를 출근한다. 오늘은 쉬는 날이고 내일도 쉬는 날이다. 늦게 잠들면 늦게 잠드는 대로 괜찮은 날이다. 나는 오늘도 앉아 있고 내일도 앉아 있다. 내일에 나는 앉아 있다. 나는 거짓말에 능숙하니까. 그냥 앉아 있고 앉아 있지 않을 때는 앉아 있는 나를 생각하며 돌아다닌다. 나는 늘 앉아 있는 나를 살고 있다. 왜? 그냥. 그것이 사실이니까.

담배를 하나 피운다.

 쓴 건 꽤 많은데. 늘 그렇듯이 쓸 만한 것은 없다. 꽁치꾼에겐 꽁치 이외의 물고기는 잡어라고 한다. 긴교스쿠이를 하는 꼬마는 금붕어 말고는 잡스러운 것이라고 한다. 못을 떠다니는 구름과 노을 그리고 얼굴도 잡스럽다고 한다. 세상이 다 잡스럽다고 한다. 내게는 세상이 없어도 금붕어는 있다고 한다.

삼십 분이 지났네. 영상 하나를 잠깐 본다는 게.

켄드릭 라마를 생각한다.

선암사의 돌다리를 생각한다.

오래된 편백을 생각한다.

천사대교를 생각한다.

엄마의 입관은 생각하지 않는다.

나는 관에 누운 엄마를 본다. 끝까지 본다.

엄마란 엄마는 다 잊기 위해서.

 얼마 전 간만에 친구들과 만났다. 술을 많이 마신 까닭이겠지. 자리가 어떻게 파했는지 기억나지 않는다. 매번 술을 많이 마시니까 매번 파할 때를 떠올리지 못한다. 우리는 칠월에도 만날 것이다. 나까지 넷. 우리는 각자 다른 작업을 한다. 그리고 예술이라는 이름 아래 같은 작업을 한다. 우리는 언제나 우리가 궁금하다. 자리를 어떻게 파했더라. 여전히 기억나지 않고 나는 그냥 앉아 있다. 그날의 만남을 바라본다. 그날의 만남도 나를 바라본다. 나는 점점 잊힌다. 그날의 만남은 점점 잊힌다. 우리는 잊히기 위해서 마주한다. 우리는 헤어지기 위해서 만난다.

 새벽의 감자를 깎는다. 새벽의 계란을 삶는다. 새벽의 마카로니를 끓인다. 새벽의 마요네즈를 버무린다. 두 시간이 흐른다.
 두 숟가락 떠먹으니 별로 입맛이 없다.
 침대에 잠깐 눕는다.
 날이 밝아온다.

여섯시 전에는 자야 한다. 일곱시 전에는 자야 한다. 여덟시도 나쁠 것은 없으나 사람들이 활동할 때 잠들면 정신이 쇠한다. 그러니 오늘은 이미 글러버린 것 같기도 하고. 칠월은 앉아 있기 좋은 달. 칠월은 내가 앉아 있을 수밖에 없는 달. 땡볕이 힘들고 습도가 힘들고 흐르는 땀도 힘들고 땀으로 곤욕을 치르는 나를 발견하는 사람이 힘들다. 힘들어서 힘든데 힘들 기운도 없어서 힘들다. 증발하고 싶은 기분이랄까? 힘듦을 버티는 방법은 힘듦을 버티는 방법뿐. 나는 앉아 있다. 증발이라. 증발은 또 어디서 왔을까. 날은 밝았고 새들은 미친듯이 울어젖히고 찻잔과 커피잔과 물잔은 다 비었고 몸은 쇠했다. 증발이 어디서 왔는지 떠올릴 수 없다. 그리고.

나는 거짓말에 능숙하다고. 만화가 츠게 요시하루의 단편「무능한 인간」의 6부 제목이 증발이다. 생각난 김에 츠게 선생의 인터뷰를 뒤적여볼까. 기운이 없으니 몇 줄만 옮겨 볼까.

Q: 증발이라는 건 언제부터 관심을 가지셨는지요?

A: 항상 세상에서 달아나고 싶은 기분이었습니다. 왜 그러냐고 자문할 여유도 사고력도 없었기 때문에 영문을 알 수 없는 채로 발작적으로 (……)

Q: '증발'에 나오는 대사 중에 "자신을 '있으면서 없다'고 파악한다"는 대사가 있는데 그런 뜻이군요.

A: (……)

(츠게의 답변을 바라보는데 답변이 잊힌다. 옮겨 적을 수가 없다. 나는 그냥 앉아 있는데. '작업기'라…… 쓰는 내가 어쩌고 쓰인 내가 어쩌고…… 늘 그렇듯이 오늘도 공쳤다. 오늘은 휴일이고 내일도 휴일이고 어쨌든 칠월인데. 칠월에는 내가 없으면서 있다고들 하는데……)

7월 24일

시

떨보 K

K는 K를 노래하며 사발란 고원을 돌아다닌다.

눈이 또 내린다. 파묻히길 즐겨하는 K는 가수였다. 저것 봐. 바람의 길은 머리카락보다 얇다. 노래하는 K는 불안하다. K는 떨고 있다. 노래하지 않는 K도 불안하다. 노래하는 K는 떨림이 희롱중인 K라고 한다.

저것 봐. 바람이 K의 몸을 너무 편히 통과해. 산탄당한 표적지 같다고. 어느 날 K는 자신이 벽에 기댄 목젖이라고 생각한다. 어느 날 K는 자신이 모로 누운 집이라고 생각한다. 어느 날 K는 생각한다;
 자신은 무너질 장기도 성기도 없는 드렁허리라고.

K는 목젖 연구관을 희망한다.

목젖 없는 하마는 K의 세번째 가족이다.

희망 직업은 잠깐이나마 나를 붙잡아줘. 금방 녹아내리기 때문에. 드렁허리는 중얼거린다; 나는 신뢰하지 않을 수 없다고. 목소리의 떨림을 주체하지 못하는 K를.

K는 듣는다. 뱀은 깊은 어둠을 입는다. 뱀은 진동을 늘 연습하는 방울이다. 지지자들은 말한다. 노래란 음과 가사를 듣기 위한 것이 아니라고. 떨림. 그것으로 충분하다고.

하마는 K에게 자신의 구강 구조를 제공하는 일에 열심이다.

사발란 고원. K를 노래하는 K는 긴 추적 조사 끝에 겨우 도달한 심장을 지나쳐 엉뚱한 사타구니에 여장을 푼다. 그리고 무수한 바람구멍을 납땜한다.

K는 K를 노래하며 사발란 고원을 돌아다닌다. 쌍관하려

는 수미를 강제로 떼어낸다. 떤다 K.

7월 25일

산문

칠월은 태안을 가기 좋은 달

 칠월에는 태안을 간다. 언제부터 가기 시작했을까? 그건 모르겠고 칠월은 태안을 가기 좋은 달이다. 왜 하필 태안이었을까? 그것도 모르겠고 칠월의 태안을 중얼거리면 천리포, 만리포, 모항, 몽산포, 연포, 그리고, 그리고 그리고 많은 장소가 머릿속에 깔린다. 파도처럼 밀려오고 또 밀려간다.

 칠월의 태안. 그리고 태안의 칠월. 당일이나 일박으로 다녀오는 일정도 나쁠 것은 없다만 보통 이박 이상의 일정으로 간다. 작년에도 갔고 재작년에도 갔고 그 전년에도 갔고 또 그 전년의 전년도. 거슬러가다보면 떠오르고 또 가라앉는 태안. 태안. 곳곳을 누빌 때의 태안도 좋지만 내가 태안을 가는 이유는 갈음이 때문에. 태안은 갈음이에 있고 갈음이는 태안에 있다.

 갈음이해수욕장. 어떻게 발견했더라? 기억은 잘 나지 않고 둘이서도 갔고 셋이서도 갔고 넷이서는 가지 않았고 혼자서는 갔다. 헤매다가 발견한 것 같다. 그때 나는 텐트와 침낭과 의자와 등산스틱과 또 야영에 필요한 자잘한 것들이 수납된 75L 가방을 메고 걷는 중이었고 칠월. 그때에도 나는 칠월에 있었다. 칠월 복판에서 흘러내리고 있었다.

 갈음이 해수욕장으로 들어서면 вход라고 적힌 표지판이 보인다. вход 밑줄에는 입구라고 적혀 있다. 여기서는 외국어가 먼저이고 한국어가 나중이다. 표지판을 따라가다 보면 노상 주차장이 보이고 화장실과 샤워실도 보인다. 그리고 매점. 오래된 매점을 지나면서 모래 둔덕을 통과하게 된다. 약간의 경사가 있는 둔덕을 다 오르면 꽤 넓은 소나무 군락지가 보인다. 그 너머로 펼쳐진 조그마한 해변을 보고 있자면 입구에서 본 вход라는 글자가 떠오르고 한국이 아닌 것만 같다. 갈음이의 볕은 매번 눈부셨고 부신 눈은 늘 착각을 일으킨다. 여긴 어디지?

소나무 군락지는 야영이 가능하다. 갈음이해수욕장에 처음 갔을 때 나 말고 야영하는 사람은 한 명도 없었고 두번째로 갔을 땐 서너 명의 사람이 있었던 것 같다. 해가 거듭될수록 점점 사람들이 늘어났고 작년에는 군락지 전체가 꽤 붐비기까지 했다. 올해는 어떨까.

모래사장 중심부쯤엔 외따로 소나무 한 그루가 서 있다. 갈음이에 도착하면 해변에 외따로 선 소나무를 내려다볼 수 있는 군락지 한편에 캠핑 의자를 펼쳐놓고 낮부터 뭘 마신다. 술이나 커피나 탄산이나 물이지만 대개는 술로 시작하여 술로 끝나고 마시다가 취하면 텐트에 들어가서 잔다. 파도 소리는 멀고도 가깝게 들린다. 소리를 곱씹어본다.

곱씹다보면 받아들여지고 받아들이다보면 몸으로 닿게 된다. 그러면 쓸 수 있다. 쓴다. 쓰면 별것 아니게 되니까. 나는 별것 아닌 상태와 별것뿐인 상태를 같은 뜻으로 이해한다. 쓰기를 반복하여 쓰는 일이 나의 쓰기다.

쓰기를 통해 일상을 반복하고 절망을 반복한다. 쓰면 쓰는 것이고 반복하면 반복하는 것이다. 반복되는 나에서 반복하는 나로 옮겨가기. 소나무는 나와 관계없이 그저 해변에 서 있다. 파도는 나와 관계없이 그저 밀려오고 밀려간다. 그것이 나는 좋다. 나도 모르게 좋다고 내가 중얼거리는 순간이니까.

나는 지금 갈음이해수욕장 소나무 군락지에 있다. 칠월은 태안을 갈 것. 칠월은 갈음이해수욕장을 찾을 것. 내 눈앞에 펼쳐질 이 풍경을 보기 위해 나는 움직일 것. 달빛이 펄에 드리운다. 표준어는 언제나 답답하다. 뻘. 빗소리. 빗소리. 뻘. 뻘을 때리는 빗소리는 언제나 듣기 좋다.

의자에 몸을 파묻고 밤을 반복하는 소나무와 파도를 반복하는 바다를 본다. 보는 것은 의미가 없지. 소나무가 되어본다. 밤을 반복해본다. 바다가 되어본다. 파도를 반복해본다. 사라져본다. 죽어본다. 죽지 않아본다. 살아본다. 기뻐해본다. 달아올라본다. 나는 이렇게 봐야지만 직성이 풀린다. 매미 소리.

매미 소리. 모기향이 피워내는 연기가 이리저리 흔들리며 밤 속으로 사라진다. 나는 갈음이에서 생각이나 고민을 종종 곱씹곤 했다. 해결될 것은 아니었고 해결될 것이 아니었으니까 곱씹을 수밖에 없었다. 씹다보면 꽤 씹는 맛이 생긴다.

7월 26일

산
문

히구라시 그러니까 저녁매미

칠월은 할머니를 떠올리기 좋은 달이다
실개천에서 멱을 감는다거나
못의 금붕어를 씨름한다거나
도롱뇽 알 껍질을 주워 집으로 가져오기 좋은 달
그렇지 않다면 어쩔 수 없지만
히구라시 울음소리도 어쩔 수 없지만
할머니가 떠오르는 달은 칠월이다
나는 생각을 반쯤 놓고 칠월을 중얼거린다

개여울에서 멱을 감는 아이와
눈동자를 떠다니는 금붕어
변기 안의 도롱뇽 알 껍질은

할머니와 늘 같이 떠오르는

풍경이나 기억들이라고

나는 반쯤 생각을 놓고 칠월을 중얼거렸지만

놓지 못한 나머지 반절의 생각 속에서

아직도 할머니는 살고 있나보다

할머니는 집이 있고

정원이 있고 버드나무가 있지

할머니는 땀 흘리는 내가 있고

다도가 있고 매질이 있고

금붕어가 떠다니는 못이 있으며

할머니의 두번째 손주가 있다

나의 죽은 동생

산문을 쓸 기회가 생겼을 때

할머니는 내가 어찌할 도리 없이

나의 산문에 등장하고 말리라! 생각했고

등장하지 않는다면

내가 등장을 시켜야겠다고

생각했던 것 같다 히구라시가 울고 있다
처음 떠올린 방법은
할머니의 가계부를 훔쳐오는 것이었고
그것을 글과 글로 이으며
좀 긴 분량의 산문 한 편을 써보면 어떨까 싶었다

할머니에겐 이십 년 치의 지출을 기록해둔 가계부가 있고
나는 거기 적힌 유즈슈라든지 쇼가 히지키 같은
그날그날의 구매 목록도 흥미로웠지만
끝부분에 하루의 일과나 단상을
짧게 끄적여놓은 글들이 좋았다
글들은 할머니를 닮아 있다 무無인상에 가깝다
실제의 할머니를 닮은 것인지는 모르겠고
어쨌든 내 기억 속의 할머니와는 무척 닮아 있다

기억나는 메모 몇 개를 떼어와보고자 한다
—*바람이 불어오는데 거기 나는 없다고.*
왜냐하면, 나는 거기에 없으니까.
—*바람은 어디로든 데려다줄 거야. 몸을 바람에 맡기자.*

내게 맡길 몸만 있다면.
―히구라시 울음소리 귀를 찌르네.
이제 귀를 가진 나만 있다면 좋을 텐데.
옮겨 적고 보니
할머니가 어떤 사람이었는지
더 모르겠고
내가 그의 손자라는 건
조금은 알겠다
원래 가족은 가족을 제일 모르지만
그의 글을 보면서 나는 생각한다
아마 당신에게도 당신이 없었나보다

긴교스쿠이라 불리는 놀이는
종이 뜰채로 금붕어를 건지는 놀이
이 놀이에 대해 듣거나 보거나 겪지 못했어도
큰 상관은 없다 왜냐하면
나도 축대가 허물어져 함락 직전 상태인 기억을
어찌어찌 겨우 붙들고서 쓰는 마당이니까
사방을 헤엄치는 금붕어를

낚으려고 시도하는 아이를 떠올리면 된다
이런 풍경은 누구나 그릴 수 있는 것이니까
그것이 힘들다면 금붕어 대신 갖고 싶고
가지고 싶지만 또 가질 수는 없는 것을
떠올린 다음에
그것을 갈망하는 나와
병치시켜도 되겠다
이런 풍경은 누구나 갖고 있는 것일 테니까

그리고 히구라시 울음소리
할머니에 대한 이야기지만
이것은 나의 얘기이고
할머니의 생애나 일과와 상관없이
어린 나는 못 앞에서 금붕어를 시도한다
종이는 금세 찢어지고 금붕어는 헤엄치고
어린 나는 금붕어를 시도하고
찢어지고 헤엄치고 또 시도하는
반복 동작

칠월은 덥고 습하고

어린 나는 땀을 흘린다

시도하고 찢어지고 헤엄치고 할머니는

나를 항상 곁에 두고 싶어하셨는데

그 까닭은 내가 생각하기에 이렇다

— *아마 동생이 죽은 뒤부터*

네게서 무엇을 겹쳐 보셨을 것이야.

그러나 정확하진 않고

직접 물어보지 않고서야 알 수가 없는 일이다

왜 곁에 나를 두고 금붕어만 계속 건져올리게 시켰나요?

물어본다고 한들

명쾌한 답변을 얻을 수 있으리라

장담할 수 없으니까

그냥 그렇게 돼버렸고

그렇게 돼버린 것은 그렇게 되어버린 것이다

어린 나는 땀과 함께하고 뜰채는 찢어지고

금붕어는 헤엄한다

나는 다시 새로운 종이를 뜰채에 바른다

내겐 그것이 칠월이다

히구라시

박상, 못에다 젊음을 낭비하지 마세요

그리고 어디에도 가지 마세요

할머니가 이런 말을 했을 것 같진 않고

내 기억이 어느 정도 왜곡을 하거나

혹은 지금도 계속하여 왜곡이

나를 시도하고 있겠지

물속의 뜰채처럼

뜰채 바깥의 물처럼

그리고 할머니는 이렇게 중얼거린다

어디에도 갈 수 없고

어디로도 가지 말라고

나는 칠월에 계속 묶여 있다

할머니는 내게서 무얼 자꾸 보고자 하신다

어디에도 갈 수 없고

어디로도 갈 수 없(는/을)

손주를 곁에 두고서 그리고

이런 것은 하나도 중요하지 않다 긴교스쿠이 긴교스쿠이

끝낼 수 없는 놀이도 놀이일까?

끝낼 수 없는 장난도 장난일까?

나의 기억은 이제 불필요하다고 생각하는 것들을

스스로 정리하고 있다 그러면

그 행위만 남는다

뜰채는 아무것을 길어올리거나

아무것도 길어올리지 못하고 찢어진다

뜰채는 헤엄하고

나는 다시 바른다 언젠가부터

나는 이것을 시에 대한 나의 태도와 연결 짓고 있다

못은 있고 어린 나는 없고 할머니도 없고

매질도 없고 다도도 없고 금붕어도 없으며

내가 할 수 있는 건 아무것도 없지만

뜰채는 움직이고 물은 흔들리고

다시 뜰채는 움직인다

물이 흔들리니까 뜰채가 움직인다고 쓰면

큰 비약일까? 사는 것도 크게 다르지 않은 것 같다

끝낼 수 없는 삶도 삶일까?

끝낼 수 없는 사랑도 사랑일까?

7월 27일

시

꼬리연

 오늘은 거기에 내가 있었다. 나와 닮은 사람이 있었다. 나와 닮은 사람이 닮은 또다른 사람도 있었다. 우리는 셋뿐인가. 우리가 셋이나 되는가? 내 생각과 닮은 생각도 있었다. 닮은 생각이 닮아보겠다는 또다른 생각도 있었다. 오늘도 사랑하는 사람이 있었다. 오늘의 지네 다리는 몇이나 되오. 지네한테 가서 물어보시구려. 선문답을 닮은 문답이 오가는 시장은 르완다에 있다. 토룡 시장이라고 한다. 거기에 잠깐의 내가 있었다.

7월 28일

단
상

우산이 없어요

 그리고 혼자 연희동 칼국숫집을 나서며 중얼거리다; 비만 나린다고. 나는 어딜 가야 하지? 이제 무엇을 나는 해야 돼요?

 비나리. 부모가 세상을 떠나면 몽상살이 든단다. 누가 누굴 떠나보냈단 말인고? 당신을 스물네 시간 옆구리에 끼고 사는 참인데. 당신이라는 옷을 훌훌 걸치는 엄마. 엄마라는 당신을 훌훌 때리는 비. 헛돼요.

 누가 누굴 떠나보낸 적이 없고 누가 누굴 떠나간 적이 없는데 무슨 살이 든단 말인고?—그러니 세상을 떠났다는 말씀은 참말일 것이다. 그런 관계는 없으니까. 비나리.

끊으면서 버들은 버들을 시작한다고. 버들을 시작하는 버들을 살기 위해 나는 썼다고. 그래서?

그래서.
고작 한다는 것이라곤 나를 연습하는 나.
지루하군. 칠월의 비.
지루해. 느리게 떨어져도 지루하고 빠르게 떨어져도 지루한 비라고.
지루한 건 속도와 관계없다고.

좋은 시절은 느리게 흐른다네.
당천악이라는 송나라 시대 시인이 쓴 글.
찾아보니 그런 시인은 없고 그런 글도 없다. 그런 글이 없으니까 그런 시인이 없는 것이겠지.

나는 내가 쓴 글을 다 잊어버렸어.
끊으면서 버들은 버들을 시작한다고. 내가 쓴 글만이 나를 기억하려 들 뿐.

비나리요. 천지가 개벽을 해보겠다는데. 천지가 매일 개벽을 좀 해보겠다는데.
너는 조그마한 너만 연습중이구나.

그놈의 버들이 뭐라고. 발버둥치는 너 하나가 다 무어라고. 지금 내리는 비는 확실한 것. 그러니까 더없이 헛된 것. 그래.

집으로 가자. 이것은 확실한 네 엄마의 목소리. 헛된 것은 헛된 것.
헛된 것에겐 확실한 응답을 해줘야지. 헛된 것만큼 선명한 것이 없다. 집으로 가요. 그래요, 집으로 좀 가자고.

우산이 없어요. 칼국숫집에 두고 왔나봐. 누굴 만나기로 약조하였는데.
당신을 만나기로 하였는데. 혼자 연희동 칼국숫집을 나서며 중얼거리다; 비가 내린다고.

나는 어딜 가야 하지?

이제 나는 무엇을 해야 돼요?

7월 29일

산
문

조용만이 맴도는

 칠월에는 내가 없다. 칠월에는 나를 잃어버린다. 더위를 참을 수가 없다. 칠월이 아니어도 잃어버린다. 더위는 참을 만한데 흐르는 땀을 견딜 수가 없다. 흐르는 땀도 어떻게 참을 만한데 당신에게 발견되는 나를 버티기가 힘들어. 늘 젖어 있으니까.

 개미가 되고 싶어. 땀이 똑똑 떨어진다. 개미는 황급하게 달아난다. 땀이 똑똑 번진다. 그곳의 흙길을 달아나면 그곳이 아닌 흙길이지. 발로 비벼 물기를 없앤다. 여름은 더 선명해진다. 그리고 겨울이 오겠지. 칠월 지나 팔월 지나 연말이 오고 연초가 가듯이.

통창 밖으로 보이는 안산의 초입. 등산로 입구. 빈 가지들. 가끔 눈이 쌓이고 지금은 눈이 녹는다. 여름인데. 빈 페인트 통이나 검정 비닐봉지 담배꽁초. 쓰레기라 불리는 것들. 겨울에는 더 잘 보인다. 외벽에는 말라붙은 담쟁이덩굴. 새소리. 겨울은 숨통이 좀 트인다. 숨의 길이 보인달까. 그래도 개미가 되고 싶어.

개미가 되고 싶다고. 중얼거리면 다시 칠월. 숲. **빽빽**한 초록. 이따금 예초기 돌아가는 소리. 조용만이 맴도는 (사람 이름 아닙니다) 나의 방을 유일하게 두드리는 소리. 사람의 소리를 잘 듣기 힘든 곳에 있는 나의 방을 두드리는 유일한 소리. 예초기 소리.

조용만은 중학교 때 생물 선생님의 이름. 선생님. 바이러스는 생물인가요. 미생물인가요. 이도 저도 아닌가요. 어디에도 속하고 어디에도 속할 수 없나요. 나는 질문도 할 수 없나요.

개미도 나도 될 수 없는 칠월. 사람 목소리가 들리지 않는

곳으로 이사를 왔어요. 연희동. 옆에는 안산. 앞에도 안산. 뒤에는 꼬불꼬불 내리막길. 새소리. 이따금 선풍기 소리. 칠월에는 외출하기. 기력이 없으니까. 칠월에는 외출하지 않기. 기력이 없으니까. 건물 외벽을 뒤덮은 풀들을 처내는 예초기 소리.

무덤가에서는 벌초중인 예초기 소리. 그리고 축축한 잠에 잠겨들 때쯤 들려오는 빗소리. 호우 시절. 칠월의 빗소리. 똑똑 나를 조심스레 두들기다가 이내 퍼붓는 빗소리. 나를 나로 되돌려놓는 빗소리.

칠월은 독서가 힘든 달. 읽기나 쓰기보다 먹기와 마시기가 앞서는 달. 취하면 비틀비틀 몸. 비틀비틀 정신. 한 문장을 여러 번 읽어야 하는 달. 머릿속의 기계들이 침수되는 달. 미쓰비시 기업을 향한 폭탄 테러를 위해 동선을 사전 연습하는 다이도지 마사시를 여러 번 따라가야 하는 달. 똑같은 문장을 읽고, 읽고, 읽고, 또 읽는 달. 그리고 기계는 물속에서도 돈다.

쓰기는 정지되는 달. 정지된 채 겨우겨우 쓰는 달. 실비아 플러스를 처음 보러 가는 앨버레즈가 묘사하는 길의 풍경을 읽고, 읽고, 읽고, 또 읽는 달. 그래서 내가 그 풍경으로 들어갔다가, 나왔다가, 반쯤만 걸쳤다가, 이곳과 그곳과 저곳으로 흩어지는 달. 그리고 모든 것을 접고 의자에 파묻혀 있고 마는 달.

예초 소리. 예초 소리. 정신을 차리기 위해 술을 마시는 칠월. 박인수가 부르는 〈봄비〉를 듣다가 김추자가 부르는 〈봄비〉를 듣다가 창밖에서 퍼붓는 빗소리만 듣는 달. 정신을 차리지 않기 위해 술을 마시는 달. 칠월. 글에서 생활에서 멀어지는 나. 물속에서도 그리고 돌기를 멈추지 않는 기계.

7월 30일

일
기

천안아산역

 천안에 갔다. 1박 2일로 2박 3일로 3박 4일로 당일치기로. 나는 상관 안 할 거야. 시간이랑 상관없이 놀러갔다. 친구 보러갔고 시간도 나를 상관없어하니까 쌤쌤! 마음이 붕 떠다녔고 발은 디딜 곳이 없었다. 가슴에 큰 돌을 얹고 자야지—이건 내 이야기는 아니다. KTX 타고 갔다. 친구가 역 앞으로 나를 보러왔다. 우리는 서로를 발견했다. 그것이 좋았다. 우리는 운전석과 조수석에 나란히 앉아서 지도를 펼쳤다. 각원사로 갔다. 천안에는 대학이 많네. 천안에는 대학이 많아. 천안에는 연못이 많네. 천안에는 연못이 많아. 가볍게 말하고 가볍게 들었다. 친구도 마음이 붕 떠 있다. 친구의 발도 디딜 곳이 없을까? 그것에 대해 이야기하지는 않았다. 그것도 좋았다. 태조산 초입에 차 세우고 연못의 잉어들 구경했다. 가파른 길 올라가서 청동대불 봤다. 땀 흘렸다. 힘드니까 좋았다. 힘을 쏠 수 있는 내가 있어서 좋았다. 대웅보전도 봤다. 무량공덕계단은 걷지 못했다. 절 내려와서 담배 샀고 잉어 밥 사려고 했는데 안 팔았다. 판다고 적혀 있는데 안 팔고 있었다. 역시나 글은 믿을 게 못 된다. 연못 주변을 한 바퀴 걸었다. 잉어가 자꾸 따라왔다. 밥이 없는데. 기념품 가게에 들렀다. 친구가 북어 사줬다. 옻칠이 돼 있었다. 행운을 가져다준다고 한다. 북어는 금전을 물고 있다. 등과 배의 곡선이 유려하니 근사하다. 복을 가져다준다는 북어다. 무슨 복일까. 궁금했다. 친구는 내 옆에 있는데. 절 쪽으로 차들이 올라갔다. 절 쪽에서 차들이 내려왔다. 우리는 길가에 서서 보고 있었다. 바라보고 있었다. 바라보면 바라보는 내가 거기 있어진다. 저녁식사 시간까지 시간이 좀 떴다. 독립기념관으로 향했다. 걷다가 뉴라이트 얘기하다가 백련천의 잉어들 봤다. 엄청 큰 잉어들. 어릴 때 할머니 집에서 본 잉어들이 떠올랐다. 머릿속에서 떠오른 것이 아니고 백련천에서 떠올랐다. 어릴 때보다 더 컸고 더 무서웠다. 그리고 잊었다. 내 옆엔 친구가 있다. 병천순대 골목 가서 술 마셨다. 많이 취했다. 숙소로 가면서 대리기사분과 재미난 이야기를 했던 것 같은데 잘 기억나지 않는다. 그것 또한 좋다. 요즘 나는 나를 잘 잊는다. 숙소에 짐을 풀고 친구랑 근처 맥줏집 갔다. 많은 이야기를 했다. 완전히 취했다. 숙소에서 또 마셨다. 스텔라 마시면서 계속 계속 음악을 들었다. 두시쯤 잠든 것 같고 세시쯤 잠든 것 같다. 다섯시 칠분에 깼다. 친구는 자고 있었다. 창문이 열려 있어서 닫았다. 조명이 켜져 있어서 껐다. 공기청정기 소리가 엄청 컸는데 끄지 않았다. 티브이에서 노래가 흘러나오고 있었다. 소리가 엄청 작았다. 집중해서 들어야만 겨우 들렸다. 박광주랑 최혜경이 우리는 너나없는 나그네라고 했다. 왜 서로를 사랑하지 않느냐고 했다. 왜 서로를 사랑하지 않느냐고 계속 속삭였다. 그것도 좋았다.

7월 31일

산
문

뭐 했다고 벌써 팔월?

 칠월을 쓴다. 많은 글을 지웠고 조금의 글은 남았다. 조금의 글은 무엇을 할 수 있을까? 무엇을 시도해보고자 하였으나 실패한 글들. 나는 무엇을 할 수 있을까? 글쎄. 애초에 글로 뭘 하겠다는 생각이 글렀다고. 놔두면 글은 알아서 뭘 하겠지. 살면 살아지듯이. 뭘 하지 않는 상태도 뭘 하지 않는 것을 하는 상태니까.

 칠월을 보내는 방법은 무수하겠지. 저마다가 있고 저마다는 저마다의 방식을 또 여럿 가지니까. 친한 목사는 네팔로 한 달간 사역을 떠났고 친한 디자이너는 8월 1일에 마주 앉아 소주잔을 비우며 얘기한다: 뭐 했다고 벌써 팔월?

쓰면서 칠월을 보내본다. 잠에서 깬 침대에서 짤막한 예감 쓰기로 하루를 열어봐도 좋겠지. 좋은 기분이 든다고. 무엇이라도 쓰면 생활에 무엇은 묻으니까. 기분을 쓰면 쓰인 기분이 그날 나와 함께하려 드니까. 그리고 그럴 일은 잘 없어. 언어로의 예속이라. 아니. 생활을 띄엄띄엄 보면 안 된다고.

요즘 종종 무엇을 했는지 기억을 잘 못 한다. 기억을 못 하는 나를 보채면서 기억을 복구해보고 싶은 생각도 잘 안 든다. 기억나지 않는 것은 기억나지 않는 것. 기억해야 할 것은 기억해야만 하는 것.

오늘은 월요일. 내가 일하는 도서관은 월요일이 지정 휴일이다. 휴일은 집에서 쉰다. 쓰거나 뭘 읽는 것이 언제부터 사는 일로 느껴졌는지 모르겠다. 쉬는 날은 보통 집에서 산다. 가끔 산에 가고 술도 꾸준히 마신다. 요즘은 쓰기 어려운 시기인 것 같고 겨우겨우 뭘 읽어내기도 힘든 시기인데 돌이켜보면 이런 시기가 한두 번도 아니고 뭐, 받아들이다보면 괜찮아진다. 받아들이다보면 괜찮아질 것이다.

그러니까 그만하라고, 누가 그만하라고 망치로 땅땅 나의 정수리를 후려쳐서 땅속에 파묻으려고 든다 쳐도. 발목까지 배꼽까지 어깨까지 정수리까지 묻힌다 쳐도. 받아들이면 괜찮아진다. 받아들이면 결국 살게 된다. 나는 그만두지 않을 것이니까. 그것이 내겐 쓰기인 것 같고 어찌 보면 내게 받아들임은 곧 저항이다.

 칠월을 쓰면서 좀 많이 사린 것 같다. 무슨 대단한 걸 써보겠다고 움츠러들었던 것일까? 물론 대단한 걸 써보겠다는 마음이 없진 않지만. 어찌 됐든 나는 시에 뭘 걸고 있고 무엇이 걸려 있나요, 올려다보면 높은 확률로 나니까. 그리고 이렇게 생각만 하는 것과 그것을 옮겨 쓰는 것은 다른 문제. 칠월이랍시고 써놓았던 것을 대부분 지운다.

 칠월. 명주실에 발목이 묶인 아이가 오도 가도 못하고 못 앞에 엎드려 자기 얼굴을 들여다보는 모습이 떠오른다. 명주실이 묶은 건 발목이 아니라 아이의 정신이었을 것이고 갯버들인지 왕버들인지 모를 나무 아래서 매질당할 때마다 아이는 성정이 부드러워진다. 그렇게 자란다. 필시 고장이 났을 터인데 어디가 고장난 것인지를 모른다.

  간만에 무척 즐겁게 책을 읽었다. 요즘은 외부 자극에 둔감한데 좋거나 슬프거나 기쁘거나 분노 같은 것이 잘 안 생긴다. 감정이 잘 움직이지 않고 마음은 무엇에도 잘 동하지 않는다. 무엇을 느끼고 싶다. 진심으로. 전력을 다해보고 싶다. 전력이라는 말은 요즘 너무 멀게만 느껴진다. 먼 나라의 오렌지나무 같았는데. 그리고 오늘은 무척 가깝게 느껴진다. 손을 뻗으면 오렌지가 만져진다. 책이 뭐라고. 기운을 얻어서 연세대학교 운동장을 몇 바퀴 뛰고 왔다. 좋은 책은 무엇일까? 돌려놓은 빨랫감이 다 돌아갔다는데. 이미 한참 전에 끝났다는데. 앉은 자리에서 일어서기가 싫어지는 책. 나의 안과 바깥에 존재하는 모든 사물을 다 잊어버리게 만드는 책. 아침부터 돌려놔서 젖은 채로 몇 시간째 세탁기 속에 방치된 빨랫감을 두 번 세 번 다시 반복하여 돌리느라 휴일을 다 써버리게 만드는 책.『하이퍼큐비클』은 백가경 시인의 첫 시집이다.

할머니가 또 찾아왔다. 새벽 두시쯤 되었을까. 모니터 너머의 창문을 통과하여 내 곁에 자리한다. 예전이나 지금이나 거기가 당신의 자리인가보다. 할머니는 내게서 동생을 보는 사람. 죽지 않은 아이에게서 죽은 아이를 보는 사람이고 나에게 버드나무는 나무가 아니다. 나에게 버드나무는 회초리다. 나는 버들이 지겹다. 매는 동생이 맞는데 나의 종아리가 붓는다. 찻잔에 담긴 찻물은 지금도 할머니의 손을 따라 잔의 내벽을 천천히 돌고 있겠지. 계속 앞으로도.

『바가바드기타』를 펼친다. 그리고 『바가바드기타』는 테이프도 뜯지 않은 박스에 담겨 며칠째 신발장 위에 놓여 있다. 나는 종종 둘 이상의 나를 사는 것 같다. 우리가 종종 둘 이상의 우리를 함께 살듯이.

나는 왜 하고 싶은 말을 가지지 못하는 걸까? 내 속에는 왜 이렇게 말이 없을까?

물보라를 쓰면서 첼란이 강에 뛰어드는 모습을 종종 떠올렸다. 그보다는 그 장면이 나를 끌어다 그 앞에 앉힌 것이라고 해야겠지. 죽음을 그만 보여줘. 나는 계속 살 것이라고. 머리를 도리질하면 공중으로 흰 깃털이 튀어오른다. 나는 그것을 쳐다본다 멍하니. 송종규 시인의 시 어느 구절과 오라시오 키로가의 소설 어느 부분이 뒤섞인 것 같다. 현실과 현실이 아닌 것을 분간해야 한다. 지금의 나는 이따금만 있다.

억지로라도 새로운 문장을 써본다. 그간 피해왔던 문장을. 돌이켜보면 부러 쓰지 않은 단어가 참 많은데 마음이 좁은 까닭이고 여유가 부족한 탓이었겠지. 칠월과 사랑은 내가 쓸 수 없는 조합인데. 내가 처음 쓴 것을 마주하고 처음으로 그것을 읽어본다. 칠월을 사랑해. 거기에도 내가 있다.

칠월은 보리차가 잘 어울리는 달
ⓒ 박지일 2025

초판 1쇄 인쇄 2025년 6월 20일
초판 1쇄 발행 2025년 7월 1일

지은이 박지일

책임편집 유성원
편집 권현승 정가현
표지디자인 한혜진 **본문디자인** 이주영
저작권 박지영 형소진 오서영 조경은
마케팅 정민호 박치우 한민아 이민경 박진희 황승현 김경언
브랜딩 함유지 박민재 이송이 김희숙 박다솔 조다현 김하연 이준희
제작 강신은 김동욱 이순호
제작처 영신사

펴낸곳 (주)난다
펴낸이 김민정
출판등록 2016년 8월 25일 제406-2016-000108호
주소 10881 경기도 파주시 회동길 210
전자우편 nandatoogo@gmail.com **페이스북** @nandaisart **인스타그램** @nandaisart
문의전화 031-955-8865(편집) 031-955-2689(마케팅) 031-955-8855(팩스)

ISBN 979-11-94171-62-1 03810

○ 이 책의 판권은 지은이와 (주)난다에 있습니다.
○ 이 책 내용의 전부 또는 일부를 재사용하려면 반드시 양측의 서면 동의를 받아야 합니다.
○ 난다는 (주)문학동네의 계열사입니다.
○ 잘못된 책은 구입하신 서점에서 교환해드립니다.
기타 교환 문의 : 031-955-2661, 3580